元宇宙场景应用

元宇宙时代的智慧生活新生态

陈炜然 江雪珍 蓝瑞群 ◎ 著

中国商业出版社

图书在版编目（CIP）数据

元宇宙场景应用：元宇宙时代的智慧生活新生态 / 陈炜然，江雪珍，蓝瑞群著. -- 北京：中国商业出版社，2022.10
　ISBN 978-7-5208-2254-1

Ⅰ.①元… Ⅱ.①陈… ②江… ③蓝… Ⅲ.①信息经济 Ⅳ.① F49

中国版本图书馆 CIP 数据核字 (2022) 第 180641 号

责任编辑：包晓嫱
（策划编辑：佟 彤）

中国商业出版社出版发行
（www.zgsycb.com 100053 北京广安门内报国寺 1 号）
总编室：010-63180647　编辑室：010-83118925
发行部：010-83120835/8286
新华书店经销
香河县宏润印刷有限公司印刷

*

710毫米 × 1000毫米　16 开　15 印张　180 千字
2022 年 10 月第 1 版　2022 年 10 月第 1 次印刷
定价：58.00 元

* * * *

（如有印装质量问题可更换）

前言 PREFACE

2021年被称为"元宇宙元年",这一年,许多人对元宇宙的概念不再陌生,但是对于元宇宙到底是什么,仍有很多人不清楚。

"元宇宙"一词来自1992年尼尔·斯蒂芬森所撰写的小说《雪崩》,主角阿宏(音译)通过一台特质电脑轻松进入与现实物理世界平行的网络世界,这个世界被斯蒂芬森称为"元宇宙"。

所以,按照小说里讲的,元宇宙实际上是与现实物理世界完全平行的世界,现实物理世界中的每一个人都在平行世界中有一个与现实世界完全不同的身份。同时,在平行世界,每一座城市、每一处建筑都与现实世界中一样,人们在平行世界可以拥有新的人生,可以工作、生活等。

现实世界中,人们所设想的元宇宙的最终面目与小说中的无异,只是当下其正处于概念的提出阶段,更多是被资本拿来作为挣钱的噱头。

例如,对于当下大多数正在了解元宇宙的人来说,元宇宙就好像是一个多人开放游戏,这可以算是现实世界中人们构建元宇宙的雏形。但是,多人开放游戏的特点之一是中心化,而元宇宙的特点之一就是去中心化。因此,元宇宙与多人开放游戏具有本质区别。

元宇宙的概念将可能是未来几年、十几年甚至几十年非常具有潜力的新生事物。因此,要想在未来元宇宙的发展中分得一杯羹,就要对元宇宙的概念做到充分了解。

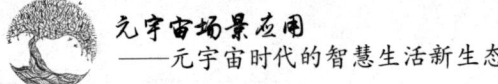

实际上,元宇宙不只是表现出与游戏的关联,其还与社交、办公、出行、购物等都有关系。总之,元宇宙场景应用可以延伸到现实生活中的各个方面。最终,元宇宙所能开启的是一种全新的生活模式,比如,智慧生活、智能生活等。

现阶段,虽然支撑元宇宙的底层技术(芯片技术、网络通信技术、区块链技术等)已经具备,但还不足以支撑元宇宙得到进一步的发展。此外,作为进入元宇宙最关键的路径,AR和VR目前也不具备让现实物理世界中的人自由进出元宇宙的技术能力。由此可见,元宇宙从概念提升为构建初级状态还有一段很长的路要走。

本书以下一代互联网技术发展为入口,探索了多种元宇宙的场景应用。相信随着5G、区块链、人工智能、大数据、云计算等技术的不断成熟和深度融合,书中所阐述的元宇宙场景应用都会慢慢变成现实生活中的场景应用。例如,新冠肺炎疫情期间,由于无法在现实见面,很多大学开启了线上毕业典礼,利用虚拟技术,创造了一个与真实大学一样的场景;还有,2022年北京冬奥会竟然出现了数字主持人……所有这些,都为未来元宇宙应用的多样化提供了研究与建设思路!

目 录
CONTENTS

第01章　发展趋势：互联网进入元宇宙时代 / 1

互联网的发展趋势 / 2

信息互联网、社交互联网、价值互联网 / 4

元宇宙是什么？/ 6

VR/AR、5G、人工智能技术促使元宇宙快速成长 / 10

元宇宙改变未来人们生活方式 / 12

元宇宙从虚拟变为现实 / 16

元宇宙的应用生态模式 / 18

第02章　应用条件：元宇宙基本构成与通关路径 / 21

底层技术：芯片、网络通信、显示、计算、人工智能、区块链 / 22

七层架构：基础设施、人机互动、去中心化、体验、创作者经济、空间计算、发现 / 25

八大要素：身份、朋友、沉浸感、低延迟、多元化、随时随地、经济系统、文明 / 31

通关路径：AR和VR——最关键路径；区块链和NFT——最合理途径/ 33

进阶路径：硬件进化、软件迭代、基础设施建设、内容支持 / 36

巨头布局：游戏公司、综合巨头、硬件公司、软件公司 / 38

第03章　虚拟游戏：元宇宙的第一个场景应用 / 45

元宇宙与游戏的不解之缘 / 46

虚拟游戏三要素：UGC、沉浸社交、经济系统 / 48

怎么利用游戏引擎做元宇宙 / 52

用核心技术打造多人游戏服务系统 / 55

从"罗布乐思"看"经济系统+激励机制" / 58

从"星战前夜"看"经济模型+游戏机制" / 61

第04章　虚拟社交：元宇宙发展的重要驱动力 / 65

社交4.0时代——社交元宇宙 / 66

元宇宙概念下的社交模式：多对多链接、兴趣社交、虚拟交友 / 68

在元宇宙中注入互动社交元素 / 71

个性化内容是元宇宙社交必备标签 / 73

元宇宙社交需要多元化的创作者 / 76

Soul的元宇宙社交基因解析 / 78

第05章　虚拟办公：元宇宙时代的远程协作模式 / 81

元宇宙颠覆远程会议办公模式 / 82

元宇宙时代"无限办公室"新工作形式 / 85

虚拟办公三件事：异步协作、一切文档化、一切自动化 / 87

虚拟办公的价值观：尊重、信任、协作、透明、包容、结果导向 / 90

埃森哲建立线上虚拟办公大楼 / 93

脸书通过虚拟办公找到元宇宙入口 / 96

第06章　交通出行：虚拟体验+物理空间=任何地方 / 99

元宇宙时代的交通：改变轴辐式交通系统的利用率 / 100

元宇宙时代的出行：从静修和假期到自然奇观和美食 / 103

元宇宙下的仿真驾驶：自动驾驶车辆在交互接口并行测试 / 105

元宇宙中的交通基建：BIM技术支持下的虚拟世界基础设施建设 / 108

元宇宙的出行即服务：通过智能调度，整体提升公众出行满意度 / 110

元宇宙下的交通培训与教育：飞行员和汽车驾驶培训，交通安全游戏 / 112

元宇宙中的数字孪生交通：交通管理、运输监管、交通设计、运输服务 / 114

从现代汽车智慧出行看元宇宙创新交通体验 / 116

第07章　体验式购物：元宇宙让商业理想照进现实 / 119

元宇宙电商："+购物平台""+购物体验""+虚拟资产" / 120

元宇宙的无货源模式网店 / 123

元宇宙中游戏化的购物方式 / 126

戴着VR眼镜浏览商品和体验购物 / 128

以AR/VR打造全新的沉浸式购物体验 / 130

云上数字展会：赋予企业新能力 / 133

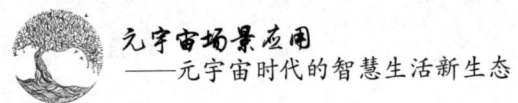

天猫3D购物空间，让你体验"云逛街" / 135

第08章　智慧养老：元宇宙时代的老年人生活学习场景 / 139

元宇宙将成为老年人重要的生活学习场景 / 140

元宇宙时代老年人的数字世界新体验 / 143

未来老年健康生活的元宇宙世界之畅想 / 146

在元宇宙虚拟世界中远程监控老年人生活 / 149

在元宇宙虚拟世界中监测老年人的健康状况 / 150

元宇宙区块链技术支持下的个人养老保险 / 152

北京朝阳区左家庄的"元宇宙+养老"新模式 / 155

第09章　大健康管理：元宇宙最贴近生命的应用 / 157

个人健康数据的去中心化 / 158

个人健康数据的可信性存储 / 160

元宇宙时代个人健康数据的货币化 / 163

元宇宙时代个人健康数据的有偿使用 / 165

个人健康数据管理链 / 167

元宇宙与健康管理银行的关联 / 170

第10章　时间银行：元宇宙时代的以时间换服务 / 173

元宇宙优化"时间银行"的服务和管理 / 174

区块链技术构建社区服务时间银行 / 176

元宇宙帮你存下服务他人的时间 / 178

元宇宙为你换取他人对你的服务 / 180

在时间银行储蓄时间和兑换服务 / 182

元宇宙空间服务时间的数字化处理 / 184

元宇宙技术构建立体智慧社区服务体系 / 186

元宇宙空间的时间币与服务价值量化 / 188

第11章 智慧医疗：元宇宙重构医疗生态体系 / 191

元宇宙与智慧医疗 / 192

元宇宙技术重构医疗信息系统 / 194

VR/AR技术促使远程医疗近在咫尺 / 196

元宇宙与慢性病管理 / 199

数字货币在元宇宙医疗生态的应用 / 202

元宇宙技术打通医疗服务体系的健康管理 / 204

从美剧《良医》看AR/VR、AI、3D等元宇宙新技术的应用 / 206

第12章 数字地产：元宇宙打造的虚拟家园 / 209

元宇宙时代下的数字地产热 / 210

元宇宙地产及其对我们的作用 / 214

在虚拟家园里自由自在地生活 / 216

元宇宙对未来房地产业的影响 / 218

虚拟土地大事件盘点与项目简介 / 221

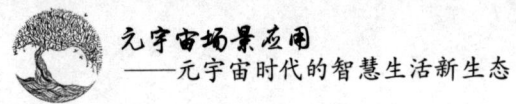

后记 / 224

参考文献 / 227

第01章

发展趋势：互联网进入元宇宙时代

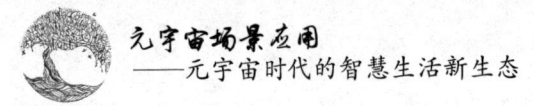

互联网的发展趋势

从PC端到移动端，从2G到5G，互联网的发展速度令人惊叹。但是，就像每件事物都会在发展过程中遇到瓶颈一样，目前互联网的发展趋势更多地体现在了一些技术概念上，离实际应用与普及仍有不小的距离。

在大家的认知中，互联网出现于20世纪80年代。实际上，在20世纪50年代，互联网就有了雏形，代表事件是1957年苏联发射了人类第一颗人造地球卫星Sputnik。作为回应，美国国防部（DoD）组建了高级研究计划局（ARPA），开始将科学技术应用于军事领域。

在20世纪60年代，整整10年的时间里，美、苏等国家开始在互联网上投入人力、物力、财力。进入20世纪70年代，也就是在1970年，有了第一份有关最初的ARPANET主机-主机间通信协议的出版物：C.S.Carr、S.Crocker和V.G.Cerf的HOST-HOST Communication Protocol in the ARPA Network，发表于AFIPS的SJCC会议论文集上。

从此，互联网开始以理论作为基点，延伸、扩张。到了1982年，DCA和ARPA为ARPANET制定传输控制协议（TCP）和网际协议（IP），作为一组协议，通常称为"TCP/IP协议"。

可以说，互联网一开始只是作为大国博弈的要素出现，经过二三十年的时间，慢慢有了理论的支撑、技术的支持。由此可见，互联网本身就是一个长期验证的过程。

进入20世纪90年代，世界在线（www.world.std.com）成为第一个Internet电话拨号接入服务提供商，这时候才出现了现在认知中的互联网。

互联网从电脑端到手机端，更迭速度快，更迭得十分自然。甚至可以说，互联网的出现改变了世界，互联网的进化完善了世界。所以，PC互联网是互联网1.0时代，移动互联网是互联网2.0时代。

那么，接下来探讨的则是互联网下一步的发展，也就是互联网3.0时代。在这一点上，有些领域专家提出了观点：元宇宙就是互联网3.0时代。

元宇宙的提出给了很多人希望，毕竟人在现实世界中都会存在着或多或少的遗憾：

为什么当时我没有好好学习，考上一所更好的大学？

为什么当时我在选择专业的时候，没有听从自己内心的声音？

为什么在我还能够买得起房子的时候，没有下定决心买房？

为什么我要听从家长的安排早早结婚生子？

……

我们的人生有那么多反问，这些反问，在现实世界中无法得到解答。然而，如果构建出了元宇宙，在元宇宙中我们可以按照自己的想法生存，即便一开始选错了方向，也有试错的机会。在元宇宙中，我们甚至可以选择自己的出身。

这就是未来互联网的发展趋势之一，其不再仅仅是从衣食住行出发，而且是从更高的层面、更大的层面介入。这也是互联网对于人类的意义，或许下一个30年就是构建出元宇宙的30年。

信息互联网、社交互联网、价值互联网

工作中,我们通过互联网进行线上会议、文书的传递、查询所需要的资料等;生活中,我们通过互联网购物、社交、娱乐,甚至看病。也就是说,互联网占据了我们工作与生活中的各个方面。

所以,这一小节,我们分别来聊一聊信息互联网、社交互联网、价值互联网。回顾中国互联网的发展历程,可以划分为以下3个阶段。

· 1994—2000年,从四大门户到搜索引擎;

· 2001—2009年,从搜索引擎到社交化网络;

· 2010年至今,移动互联网和自媒体。

我国的互联网发展速度之快、应用之多在世界上位于前列,这主要是因为我国人口规模大、用户需求多。从最早的信息搜索到社交再到移动互联网应用,从门户网站到MSN,从QQ到微信再到短视频,各种应用层出不穷,包括信息搜索、娱乐、购物、游戏、社交等多种应用。图1-1展示了信息互联网、社交互联网、价值互联网的基础图谱,随着场景应用的不断变化及技术的不断更新,价值互联网将成为下一代互联网的重要发展方向,基于下一代价值互联网技术框架的云宇宙场景应用将成为人们智慧生活的新型模式。

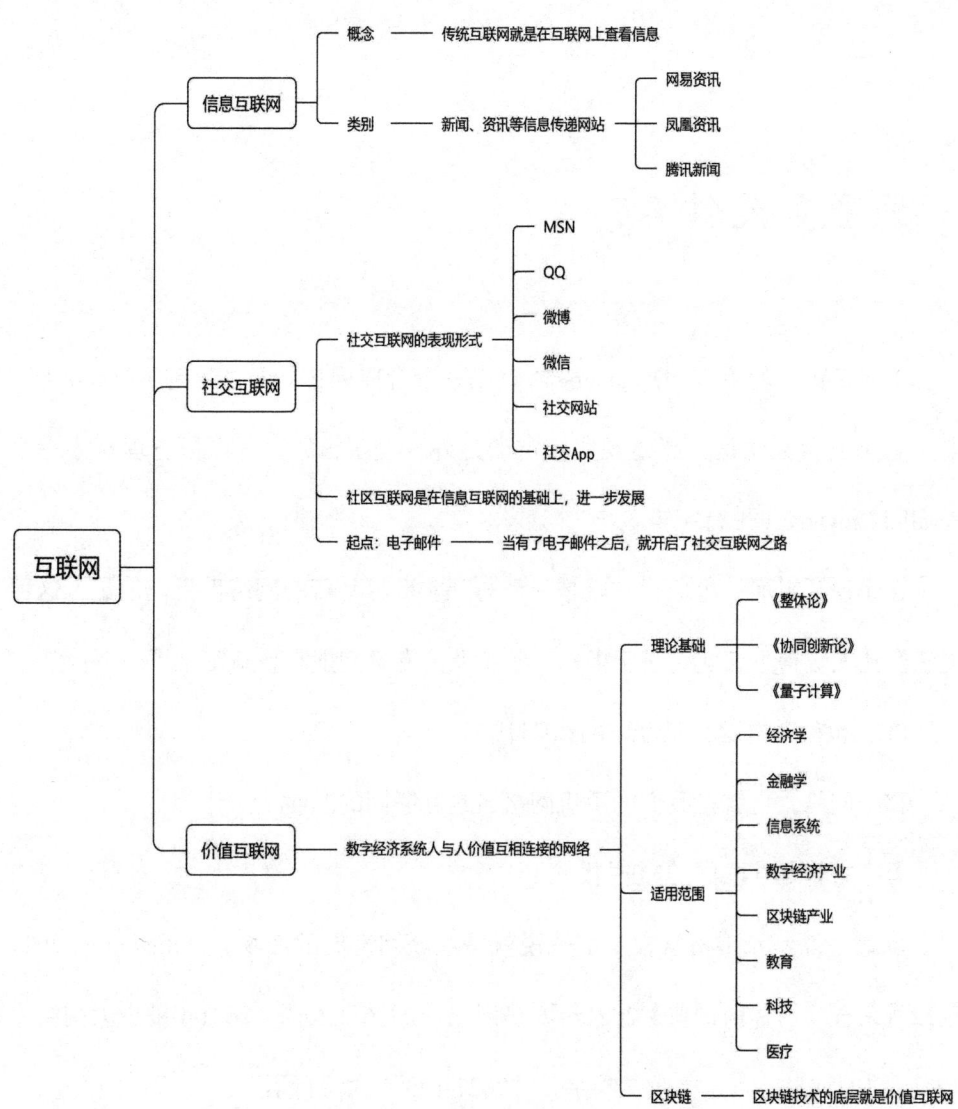

图1-1 互联网发展的3个阶段

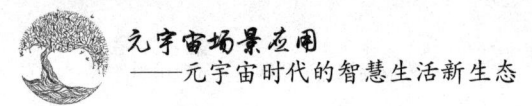

元宇宙是什么？

"元宇宙"的英文叫Metaverse。这是一个合成词：Meta（超越）+verse（宇宙），字面含义就是"超越现实宇宙的另外一个宇宙"，可以把它理解为一个Parallel Universe（平行宇宙）。

在小说《雪崩》里面，它就是一个与现实世界平行的网络世界。但是，这种说法会让人觉得不真实，过于虚幻，于是业内专家就把它重新定义了一下：

PC，也就是电脑，是互联网1.0时代；

移动网络，也就是我们的手机网络，是互联网的2.0时代；

元宇宙将是互联网的3.0时代。

也就是说，元宇宙从根本上来说就是互联网发展的产物，Metaverse在2021年12月入选《柯林斯词典》2021年度热词 ；12月6日入选"2021年度十大网络用语"。12月8日，入选《咬文嚼字》"2021年度十大流行语"。

什么是元宇宙？

元宇宙就是互联网3.0版。

我们从4个性能方面来解释一下：

第一方面，时空性。元宇宙是数字世界，是建立在虚拟网络上通过程序代码敲出来的一个虚拟世界。所以，元宇宙并不真实存在，而是通过虚拟的方式与我们在同一个时空同行。

第二方面，真实性。元宇宙看似复刻了现实世界的一切，但它不具备真实性，因为元宇宙是基于虚拟网络的产物。举个例子：我们觉得电视剧好看，和现实世界一样；但是，电视剧毕竟是剧本的演绎，它不是真实存在的。有的人认为，电视剧也是以现实事件为创作基础，基础是基础，并不是生活。所以，元宇宙就算打造得与现实世界一模一样，它也只是个虚拟世界，非现实世界，不具备真实性。

第三方面，独立性。元宇宙可以独立吗？不可以。如果没有5G，元宇宙就无法存在。可以说，元宇宙不可能具有独立性，因为它不可能独立于现实世界中的网络技术，这是它存在的根本。打个比方，我们在网络游戏里是何等自由独立的个体，但如果这时候网络中断了，就一切都结束了。

第四方面，连接性。元宇宙具有强大的连接性，它能够把网络、硬件终端和用户连接起来，而且当元宇宙真正打开时，它的连接性是无可比拟的，可以连接虚拟世界与现实世界。因此，元宇宙的最大性能就是连接性。

从性能方面说完，再来说一下元宇宙的概念。现在的技术大咖、资本大咖们所说的元宇宙和最初提出的元宇宙是截然不同的。资本所说的元宇宙是一个能够汇集资本的概念，即能够带动网络技术、穿戴智能技术以及各种技术的综合性概念，也是需要有回报的一个概念。

元宇宙包括八大要素：身份、朋友、沉浸感、低延迟、多元化、随时随地、经济系统和文明。要素众多，每个要素背后，还有一连串的解释。这都反映出元宇宙在现阶段的模糊性。

从元宇宙特征与属性的图谱里，也有人梳理出了定义元宇宙的特征：社会与空间属性（Social & Space），科技赋能的超越延伸（Technology Tension），人、机与人工智能共创（ArtifIcal, Machine & AI），真实感与现实映射性（Reality & Reflection），交易与流通（Trade & Transaction）。

由此可见，元宇宙的出发点是现实，是现实中的网络技术、硬件终端等。那么，元宇宙到底是什么？现阶段的元宇宙只是一个畅想，即基于多人开发游戏的畅想。举一个例子：就像是很多小说中，一个人在现实生活中受挫，甚至是绝望了，这时候一股强大的力量将他拖入了另外一个时空；在这个时空，他拥有和现实世界完全不一样的身份。这就是元宇宙最终想要达到的效果，简单来说，就是每个人都想要去的平行世界。然而，元宇宙是一个离不开现实网络的平行世界。

元宇宙是三维化的互联网，是时间、空间、体验的融合体。元宇宙依靠XR、数字孪生、AI、区块链等技术实现，是整合多种新技术产生的下一代互联网应用，它基于扩展现实技术和数字孪生技术实现时空拓展性，基于AI和物联网实现虚拟人、自然人和机器人的人机融生性，基于区块链、Web3.0、数字藏品/NFT等实现经济增值性。在社交系统、生产系统、经济系统上虚实共生，每个用户可对世界进行编辑、内容生产、拥有数字资产。

从元宇宙的诞生开始，就可以将元宇宙理解为是一种生活场景，是我们构思的一个与现实世界平行的虚拟世界，是独立于现实宇宙的虚拟宇宙。元宇宙是一个大而广的概念，是一种新的互联网应用，是由5G技术、VR/AR/MR、人工智能、区块链、大数据、云计算等技术深度融合而构建的智慧化生态系统。通过元宇宙可以构建不同的应用生态场景，在不同的元宇宙空间里可以实现不同的场景应用，产生不同的生态体系。未来通过互联互通技术，各种不同的元宇宙可能连接成一个大宇宙，从而实现互联网应用的裂变！

VR/AR、5G、人工智能技术促使元宇宙快速成长

在构建元宇宙的过程中,需要很多技术,如VR/AR、5G、人工智能技术,那么这些技术是否能够促使元宇宙快速成长呢?让我们先来了解一下:

第一,虚拟现实技术,也就是前文提到的VR、AR、MR等XR技术,这类技术可以成为在现实世界与虚拟世界的桥梁,无缝衔接现实与虚拟。比如,XR就是为了能够让现实物理世界中的人毫无违和感地进入元宇宙世界的技术,就像是通过VR能够置身于游戏中,身临其境,从界面"摘"下来就会立刻回到现实。在某种程度上说,虚拟现实技术让现实世界中的我们自己对在心理上做一个补偿。实际上就是沉浸感的提升,就像我们在2D界面下玩游戏并不具有沉浸感,而在3D界面的时候就很容易置身其中。

第二,网络通信技术,也就是元宇宙赖以生存的5G技术。随着5G技术的发展,在元宇宙虚拟空间感知的实时性体验也会大幅提升。5G的高速率、低延时、低能耗、大规模设备连接等特性,能够支持元宇宙所需要的大量应用创新。但是,5G技术并没有得到普及,那4G可不可以?答案是不可以。在元宇宙,4G的效果就好像是你在玩王者荣耀等网络游戏的时候,突然换成了2G流量,你可以想象一下那种突然掉线被卡在原地的感觉。所以,如果网速很慢,或是突然断掉,整个人是没有办法在元宇宙自由行走的。因此,可以得出一个结论:元宇宙

的通信基础是5G，一旦5G信号没了，元宇宙势必被按下暂停键。

接下来，我们就简单地看一下5G的发展趋势。目前，基于5G的杀手级应用还没有出现，其市场需求度和渗透率还不高。简而言之，5G还没有得到推广。元宇宙有可能以其丰富的内容与强大的社交属性打开5G市场需求缺口，进而提升5G网络的覆盖率。需要注意的是，5G是昂贵的，打开缺口的前提是5G能够以大众能接受的价格进行推广。元宇宙的通信基础的门槛本身就很高，这就让元宇宙遇到了一个瓶颈，就是元宇宙看似美好，而实际上单单从5G通信技术上来讲只能影响小部分人。

第三，人工智能，也就是我们所说的AI，AI技术是元宇宙不可或缺的技术之一。在人工智能技术中，能够应用到元宇宙的包括但不限于智能机器人、模式识别与智能系统、虚拟现实、系统仿真、工业过程建模与智能控制、智能计算与机器博弈等技术。人工智能技术是直接关系到元宇宙中每个现实世界个体能够在元宇宙分身生存的重要技术。

虽然人工智能的应用很广，但是从目前的技术水平来看，人工智能还不足以支撑现实物理世界的人在元宇宙中自由行动。人工智能本身也在发展过程中，目前的元宇宙概念实际上是互联网现在所处的瓶颈的一种突破思路。

由此可见，VR/AR、5G、人工智能技术的持续成熟将会促使元宇宙快速成长，这一点是毋庸置疑的。因此，这几项支撑元宇宙的底座技术，具有非常广阔的发展空间。当下的焦点问题是：它们是否能够持续成熟，并且达到构建元宇宙的水平？

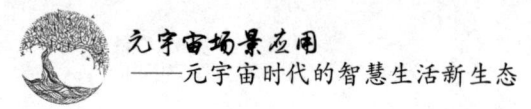

元宇宙改变未来人们生活方式

元宇宙作为一个网络平行世界，如何改变未来人们的生活方式呢？

元宇宙的开发，带给人们的绝对不仅仅是虚拟的游戏、简捷的办公、跨时空的交流，更将会彻底改变人类的生存模式。如图1-2所示，展示了元宇宙对人类生活模式改变的主要内容。

未来元宇宙将会颠覆人们的生活，我们从以下几个方面来看一下。

一、时刻体面，避免曝光

在虚拟世界里，你可以创造出一个全副武装的化身，使得你在现实物理世界中的任何状态都不会体现在虚拟世界中。在虚拟世界中，你永远都可以维持自己西服革履的绅士形象。

二、线上办公、线上会议

这点现在已经实现了，通过一些线上会议App就可以实现无界限会议，但这类线上会议还是需要本人参与的。在疫情期间，很多线上会议把平时精致的女同事暴露得一览无余，大家不洗脸、不化妆、不换衣服，穿一身睡衣坐在电脑前开会。然而，元宇宙中的虚拟会议空间就升级了，现实物理世界中的你，可以是不洗漱、不换衣服的邋遢样子，但是在虚拟世界中，你却是那个衣着光鲜的职场精英。举个例子，Facebook基于VR技术创建的Horizon Workrooms是一个专为远程办公人员设计开发的虚拟会议空间，是虚拟现实（VR）和混合现实（MR）结合超

第 01 章
发展趋势：互联网进入元宇宙时代

一、线上办公、线上会议

Facebook基于VR技术创建的Horizon Workrooms是一个专为远程办公人员设计开发的虚拟会议空间，是虚拟现实（VR）和混合现实（MR）结合超越物理空间的一个例子。它的目标是创造一个沉浸式的数字环境，让人们的化身可以相互交流，增强人们想要真正使用的功能，并最终将公司的租金减少到零。

二、时刻体面，避免曝光

在虚拟世界里，你即便是身上没有穿什么服装，都可以创造出一个全副武装的化身，你在现实物理世界中的任何状态都不会体现在你所在的虚拟世界中。在虚拟世界中，你永远都可以维持自己西服革履的绅士形象。

三、全新概念的家庭教育

置身于元宇宙中，就会让孩子们置身于与学校教学环境一致的学习环境之中。就像元宇宙中的工作场所具有的沉浸感一样，教室也可以被改造。它可能具有更多的社会互动，消除在视频通话中看到的阴郁的面孔，学习的过程甚至可以游戏化。

四、网上购物的体验感升级

印度一家销售眼镜的电子商务公司Lenskart已经采取了虚拟试穿的措施，使用摄像机显示不同的眼镜架在你脸上的样子。然而进一步来看，你不仅仅是为自己而买东西，虚拟时尚和虚拟形象皮肤的新概念将出现，取而代之的是可能只存在于网上的时装公司和品牌。

五、说走就走的旅行

元宇宙打造的是与现实物理世界一模一样的世界，如果元宇宙构建成功，真的是可以直接来一场说走就走，想去哪儿就去哪儿的旅行。

六、越加丰富的娱乐生活

就现在来说，Houseparty、Netflix Party、Eventbrite和Instagram都推出了一系列新功能，允许用户进行更多的视频互动，这只是少数几款App试图改变人们在家里的聚会方式的一部分。

七、房产行业的展望

随着越来越多的人涉足元宇宙，至少有一些人已经理解了元宇宙中"土地"的价值。土地作为NFT具有一定的价值，投资者在Decentraland、Sandbox和Cryptovoxels等项目中进行了下注。

图1-2 元宇宙对人类生活模式的改变

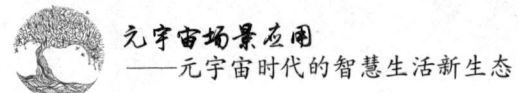

越物理空间的一个例子。它的目标是创造一个沉浸式的数字环境，让人们的化身可以相互交流，增强人们想要真正使用的功能，并最终将公司的租金减少到零。

三、全新概念的家庭教育

线上学习比较传统，老师通过课件和直播的方式给孩子们讲课。然而，置身于元宇宙中，孩子们就像置身于与学校教学环境一致的学习环境之中。就像元宇宙中的工作场所具有的沉浸感一样，教室也可以被改造，它可能有更多的社会互动，消除在视频通话中看到的阴郁的面孔，学习的过程甚至可以游戏化。

四、网上购物的体验感升级

说到网上购物，也不是新鲜事了。但是，网上购物依然存在很多问题。比如，买衣服的时候，尺寸该如何选择？很多时候，在网上购买的衣服、鞋子都是因为尺寸原因，不得不换货、退货，从而带来一定的麻烦。在元宇宙中，就可以打造一个与自己完全一样的人，身高、体重甚至每一个维度都与自己一致，让网上购物就好像是在实体店购物一样，能够一次性买到让自己满意的衣服和鞋子。

随着人们工作时间的改变，虚拟环境中的试穿可能会变得更加重要，你的虚拟形象在元宇宙中可能会为你挑选合适的产品。

五、说走就走的旅行

希腊和埃及VR旅游很受欢迎。开发者让游客沉浸其中，并重现了美国内战等事件，你可以跨越国境而不必离开自己的家，还可以让时间倒退。一些旅游元宇宙的App计划使用MR技术来指导司机、提供景点相关的信息，将旅游攻略聚集在一起，为游客提供更加愉悦的体验。例如，参观博物馆的人可以自动收到关于他们所看到的展品的背景信息。因为元宇宙打造的是与现实物理世界一模一样的世界，如果元宇宙构建成功，真的可以来一场说走就走的旅行。

六、越加丰富的娱乐生活

就现在来说，Houseparty、Netflix Party、Eventbrite和Instagram都推出了一系列的新功能，允许用户进行更多的视频互动，这几款App试图改变人们的聚会方式。这比在现实生活中参加聚会要容易得多。然而，这种方式确实缺乏真实生活派对的"外观和感受"。在元宇宙构建完成之后，线上聚会会更加具有沉浸感，音乐会也更会具有现场感。将来在元宇宙中，我们用另外一个身份去参与生活娱乐，会更具沉浸感和现场感。

七、房产行业的展望

随着越来越多的人涉足元宇宙，有一些人已经理解了元宇宙中"土地"的价值。元宇宙中的土地已经以数百万美元的价格在售。土地作为NFT具有一定的价值，投资者在Decentraland、Sandbox和Cryptovoxels等项目中进行了下注。然而，在元宇宙还是概念阶段就拿出真金白银购买元宇宙中的土地，还是有失理智，毕竟从概念到构建出雏形，至少需要几十年的时间。

除此之外，元宇宙会在方方面面改变我们的生活。不过，在接下来的章节里会具体提到，未来元宇宙将如何改变人们的生活、工作，甚至人生。

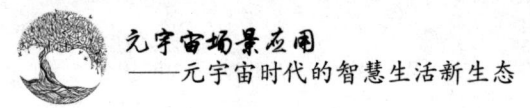

元宇宙从虚拟变为现实

或许很多人不理解，元宇宙本来就是虚拟的，如何变为现实呢？在这里，我们就聊一聊元宇宙从虚拟变为现实的体现。

第一，不可否认，元宇宙所构建的是一个虚拟世界。

谈及元宇宙愿景，不得不先关注虚拟世界的构建。从现在的概念上来看，元宇宙是基于各项底层技术支持构建出来的网络世界，从这一点上来看，元宇宙就是一个虚拟世界。元宇宙不管从哪一方面来看，都是基于互联网技术的互联网产品。

第二，作为元宇宙的个体，也是构建的虚拟个体。

有了具备真实物理定律的虚拟世界，如同有了一个满足生存环境所需的星球。那么，下一步就需要让这个世界拥有虚拟个体。元宇宙是虚拟的，元宇宙上的每一个个体也是虚拟的，这毫无疑问。

每一个人在元宇宙上都有一个与自己完全不一样的身份，在规划中，元宇宙能够让人获取与现实世界完全不同的人生，并且与现实世界中的人没有任何联系。比如，现在我们虽然玩游戏、玩社交，虽然可以打造出来一个人设，但是，当我们通过一些手段对某一个账号进行深度搜索查询的时候，还是能够查询到拥有这个账号的存在于现实世界的人。所以，不管自己打造出的是一个什么样的人设，最终都是会通过相关联系，关联到本人身上。而在元宇宙这一切根本无迹可寻，你在元宇宙做的任何一件事，是无法在现实世界中搜索到的，是绝对的虚拟个体。

第三，虽然元宇宙构建的是虚拟世界，但它可以赋能现实。

虚拟个体是元宇宙的组成部分，元宇宙也是一个纯粹的虚拟世界，那么，我们为什么说元宇宙是从虚拟到现实呢？这个问题也是很多人想问的。实际上，这里面的虚拟到现实，指的是元宇宙最终是要赋能现实。比如，元宇宙应用于各个场景中，会给我们的生活、工作、娱乐带来巨大的变化。因为元宇宙所依赖的技术就能直接改变世界。虽然元宇宙本身是虚拟的，但是元宇宙所拥有的技术是能够改变现实的。因此，元宇宙可以赋能现实。

元宇宙的应用生态模式

元宇宙的生态版图逐渐成熟，现在的元宇宙生态版图中场景入口已经有游戏、社交、体育、旅游、加密钱包、交易平台等，通过以上的入口都能够进入元宇宙。此外，会展、教育、影院、购物、广告网络也将成为元宇宙最新的场景入口。不难看出，元宇宙场景入口已经涵盖了我们生活中的各个方面，因此，这个生态版图可以说是非常成熟的状态了。

所谓元宇宙的应用生态模式，即元宇宙的应用生态体系。元宇宙应用从生活、工作等方方面面影响着我们的生活方式，其所涵盖的应用模式非常多，就像互联网构建的生态模式一样：门户网站构建起搜索生态，QQ、微信构建起社交生态，抖音构建起短视频生态，京东、淘宝构建起购物生态等。我们来看看元宇宙的生态模式涉及的元宇宙入口。

第一，游戏。游戏入口很多，而且未来会有越来越多的游戏加入元宇宙中，游戏本身就是元宇宙的一部分。现在正在全力打造更具沉浸感的游戏模式，而沉浸感是元宇宙必不可缺的要素之一，因此，游戏将是元宇宙中一个比较大的入口处。

第二，社交体验。社交体验是仅次于游戏的一个入口，毕竟元宇宙也是在打造一个社交平台，元宇宙将使我们能够通过"真实"的活动感受进行社交，而不仅仅是通过分享照片和新闻链接进行社交。

第三，沉浸式商务。沉浸式商务实际上就是电子商务，目前众所周知的是电子狗、电子猫，电子商务平台通过大数据来读懂用户需求；在元宇宙，它们可能更擅长读懂用户心理，推荐更加合适的产品给用户，沉浸式商务也将是部分用户的购物入口。

第四，线上协作。目前，线上会议在工作中应用比较多，在未来，线上会议会更加具有协作感和沉浸感，一句话便能身临其境。作为职场人，可能会选择线上协作的方式进入元宇宙。

第五，线下房地产。最近新闻炒得沸沸扬扬，就是真的有人花大价钱在虚拟世界购房。不过，笔者认为，人们要想完全通过VR购买房屋还需要一段时间，但VR很可能成为人们预先筛选房产的一种重要方式。之前有一个房产中介的广告就是："足不出户，用VR看好房。"实际上，现实中的人们已经在生活中运用VR等技术反复参观和检查有关房产的相关信息。随着元宇宙参与线下房地产行业，元宇宙的体验将更具有社交性。

需要注意的是，元宇宙入口包括但不仅限于以上的入口。以上入口是用户比较容易选择进入的入口，而元宇宙的入口会更加多样化、多元化。

第02章

应用条件：元宇宙基本构成与通关路径

底层技术：芯片、网络通信、显示、计算、人工智能、区块链

元宇宙需要技术支持，那么我们就先来看一下，元宇宙需要的底层技术。底层技术是基础，就像是盖楼一样，想要盖出结实耐用的楼就需要夯实地基，所以，底层技术起到的作用就是"高屋建瓴"。那么，元宇宙到底需要哪几类底层技术呢?具体如图2-1所示。

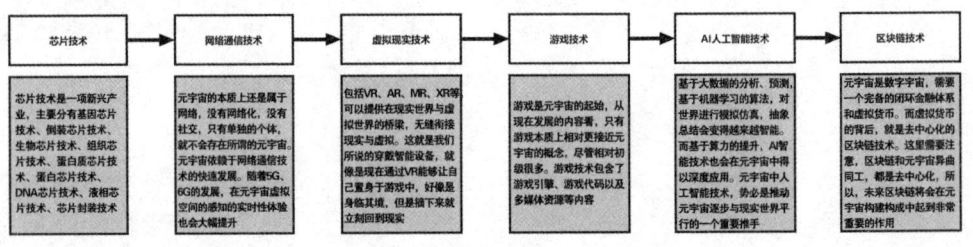

图2-1 元宇宙底层技术

第一，芯片是构建虚拟世界的"核芯"，没有芯片，就没有元宇宙虚拟世界存在的物理载体。就像说我们平时用的手机，一旦没有了芯片支持，手机就废掉了。所以，对于元宇宙来说，芯片技术非常重要。

第二，网络通信技术。元宇宙的本质上还是属于网络，如果没有网络化，没有社交，只有单独的个体，就不会存在所谓的元宇宙。随着5G、6G的发展，在元宇宙虚拟空间中的实时性体验感也会大幅提升。网络是元宇宙的根本，在5G网络下，你可以在元宇宙畅游，但如果网络一断，你就会直接消失在元宇宙中。

就像我们玩网络游戏的时候，网好的时候可以说是所向披靡，一旦网卡或者网断了，就要待在原地被打或者是直接从游戏里退出。元宇宙也是如此，离开网络，就没有实现的可能。

第三，虚拟现实技术。这项技术包括VR、AR、MR、XR等，可以提供现实世界与虚拟世界的桥梁，无缝衔接现实与虚拟。也就是我们所说的穿戴智能设备，现在通过VR能够置身于游戏中，但是摘下来就立刻回到现实。元宇宙也需要依靠这样的穿戴设备让人置身于元宇宙，实际上就是沉浸感的提升，越来越多的游戏开始让玩家置身其中，只有身临其境才能更加投入。在2D界面下玩游戏是不具有沉浸感的，而在3D界面的时候就很容易置身其中。穿戴智能设备将会迎来很大的发展，让人在虚拟与现实之间任意穿梭。

第四，游戏技术。游戏是元宇宙的起始，只有游戏本质上更接近元宇宙的概念。游戏技术包含了游戏引擎、游戏代码以及多媒体资源等内容。这并不是说元宇宙就是游戏，而是游戏技术对于元宇宙有着重要的作用。同时，游戏也是元宇宙的一个雏形，所以，游戏技术就像是起始点，推动了元宇宙的逐渐形成。

第五，AI人工智能技术。在现实世界中，AI人工智能技术已经广泛应用到了我们的生活、工作之中。在元宇宙逐渐构架的过程中，这将会是一个非常大的趋势。人工智能技术基于大数据的分析和机器学习的算法，对世界进行模拟仿真和抽象总结。随着算力的提升，AI智能技术也会在元宇宙中得以深度应用。不过，人工智能毕竟是依靠人来打造的，它的模拟仿真是否能够超越人本身，还需要进一步探讨和时间的验证。不管怎样，元宇宙中人工智能技术，是推动元宇宙逐步与现实世界平行的一个重要推手。

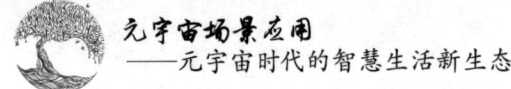

第六，区块链技术。区块链是未来解决元宇宙经济体系的一项重要技术。元宇宙是一个数字宇宙，其需要一个完备的闭环金融体系。虚拟货币的背后，就是去中心化的区块链技术。这里需要注意的是，区块链和元宇宙都具备去中心化的特点，所以，未来区块链将会在元宇宙构建过程中起到非常重要的作用。

综上所述，芯片、网络通信、虚拟现实、游戏、AI人工智能、区块链等这些底层技术的发展直接影响了元宇宙的发展进度。在这些技术中，游戏技术和网络技术已经较为发达，其他技术还在提升中，如区块链技术，只有十多年的发展历史，还有很大的完善空间。

第 02 章
应用条件：元宇宙基市构成与通关路径

七层架构：基础设施、人机互动、去中心化、体验、创作者经济、空间计算、发现

虽然元宇宙目前还处于概念阶段，但人们已经有了对元宇宙的构架构想。和所有的互联网产品一样，元宇宙包括基础设施、人机互动、去中心化、体验、创作者经济、空间计算、发现七大构架，如图2-2所示。

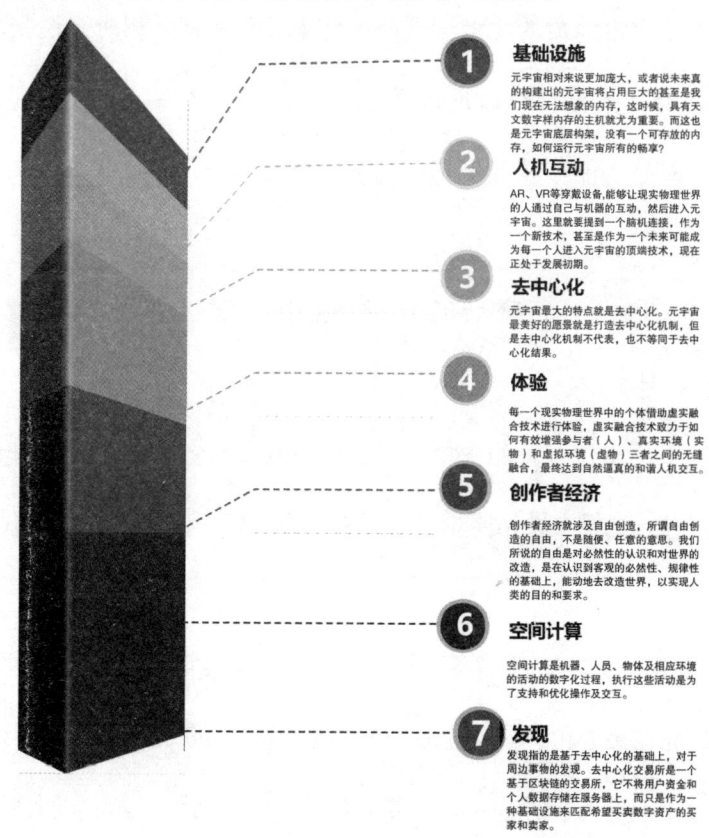

图2-2　元宇宙七大构架

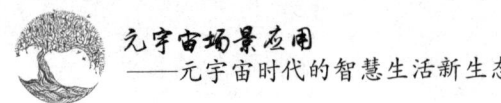

第一,基础设施。有人可能觉得元宇宙既然是虚拟的网络平行世界为什么还需要基础设施呢?实际上,不管元宇宙建成后何等宏伟,都需要有基础设施的支持,就像是我们玩的游戏、社交App等,都需要一个具有强大储存能力的主机。相对来说元宇宙更加庞大,未来构建出的元宇宙将占用无法想象的内存,这时候,具有天文数字内存的主机就尤为重要。而这也是元宇宙底层构架,如果没有一个可存放的内存,就不能运行元宇宙所有的畅想。

第二,人机互动。通过AR、VR等穿戴设备,让现实物理世界的人与机器的互动,进入元宇宙。这里就要提到脑机连接,作为一项新技术,未来可能成为每一个人进入元宇宙的顶端技术,目前正处于发展初期。相对来说脑机连接要比穿戴设备能够让人更自然地进入元宇宙,但是,这一点现在也只是应用于医学方面,未来是否能够展现出其在元宇宙中的作用,还是值得众人拭目以待的。

第三,去中心化。元宇宙最大的特点就是去中心化,最美好的愿景就是打造去中心化机制,但是去中心化机制不代表有去中心化结果。

元宇宙可能不会出现真正的去中心化,就以现在资本介入的速度和体量来看,机制可能会有,结果未必如愿景。接下来,我们就具体看看为什么不一定拥有去中心化结果。

(1)组织逻辑。元宇宙的底层逻辑是互联的点对点网络,从而绕过了对中介的需求,对建立在集中化、科层化原则下的组织结构形成了挑战。然而,因为元宇宙构建的过程不是公益的,是大量资本介入之后的结果,去中心化却在损害资本的利益。因此,从逻辑上行得通的去中心化机制,在构建过程中与所涉及的资本利益指向却是相悖的。

（2）内容生产逻辑。作为"大规模参与式媒介"，用户将是元宇宙的主要推动力，元宇宙是无数人共同创作的结晶，没有剧本，没有预设的平台。这就是元宇宙去中心化机制想要创造的一个平台，但是这真的能够实现吗？首先，知识产权这一关就无法通过，集体知识产权这一关更难通过，从实际来分析，有些环节无法脱离中心化。

（3）分配结果。在实践中，虚拟货币的持有量越来越向大户和机构倾斜，这将带来分配结果上的中心化和垄断。现在元宇宙已经成了投资者的目标，今后更会如此。以比特币为例，一开始大家也没有重视，当资本进入之后，比特币开始涨价，后来成了仅次于股票的投资产品，在比特币最火的那几年，大家都在疯狂地投资比特币。那么，元宇宙未来所需要的虚拟货币，是否也会走上比特币的老路呢？虽然，虚拟货币有区块链技术支持，但是，虚拟货币会不会脱离技术，成为裹挟着中心化和垄断的产物呢？

（4）市场竞争结果。在内容市场趋向充分竞争的过程中，资本将寻找优秀的内容创作者予以支持，如果平台没有强大的变现机制，就不会有越来越优秀的内容创作者参与，优质内容与大型资本的绑定将越来越牢固。也就是说，平台和资本最终会在元宇宙进行一场博弈，如果优质内容代表的是去中心化机制，那么资本则代表着中心化结果，两者之间的博弈，最终决定元宇宙是按照机制发展，还是按照既定结果发展。

现在来看，元宇宙的确是想要打造去中心化机制，但是，去中心化结果能否实现，并非仅取决于元宇宙所采用的技术，更大程度上还取决于关注元宇宙的资本。

第四,体验。每一个现实物理世界中的个体借助虚实融合技术进行体验,虚实融合技术致力于如何有效增强参与者(人)、真实环境(实物)和虚拟环境(虚物)三者之间的无缝融合,最终达到自然逼真的人机交互,这是当前正在研究的前沿共性技术。构建虚实融合环境,涉及高精度定位、虚拟与真实环境融合呈现、光学显示、多感知交互等关键技术,这为解决高端装备研制、复杂任务规划与培训、创新数字娱乐与教育等提供了全新的技术途径。

第五,创作者经济。这种经济建立在去中心化交易的基础上,在去中心化交易所进行交易。去中心化交易所是基于区块链的交易所,它不再将用户资金和个人数据存储在服务器上,而是作为一种基础设施来匹配希望买卖数字资产的买家和卖家。在匹配引擎的帮助下,这种交易直接发生在参与者之间(点对点)。

创作者经济涉及自由创造,这里所谓"自由",不是随便、任意的意思,而是在认识到客观的必然性、规律性的基础上,改造世界,以实现人类的需求。因此,这里所说的"自由"包含了创造,是人在创造过程中对自己的一种解放。

第六,空间计算。在整个结构中,空间计算是用来定位的重要工具。空间计算技术并非只应用于元宇宙,在现实物理世界中,空间计算从概念、应对措施、工具、技术再到系统涵盖了诸多的内容,将"位置"定义得更加具体,极大地改变了人们的生活。

概念说起来会有点儿抽象,那么将概念具象化,来看看空间计算到底如何改变了我们的生活:最浅显易懂的就是GPS,即全球定位系统。无论是在繁华的都市中穿行,还是在森林中探索,GPS都能对你所在的位置、附近的设施以及你所经过的路线了如指掌。通过这一系统，我们的出行变得更加安全，实际上这就是空间计算的功劳。

未来，空间数据库、空间数据挖掘等概念也会随着空间计算研究的深入而发现，使得计算机科学得到进一步的发展。在元宇宙，通过无处不在的空间计算技术，实现室内定位、物联网定位、全球持续监控、预测及预警，从而让期货变更、能量提供等社会问题得到解决。元宇宙目前只是一个概念，我们还不能畅聊空间计算在元宇宙中的应用，未来十年，空间计算将会为现实生活带来一系列的变革。

第七，发现。发现指的是元宇宙结构层中的底座发现层，发现层实际上是将人们引入新体验的推拉动力。从广义上讲，大多数的发现系统可以分为入站和出站。什么叫作入站和出站呢？

首先，入站系统包括搜索引擎、App、应用商店等，通俗地讲，入站系统就是我们能够从中获取想要的内容或者程序的渠道。

其次，出站系统包括展示的广告、垃圾邮箱等，通俗地讲，这一类就是传递给我们但不被需要的信息，相信互联网用户也都很熟悉。

最后，入站和出站系统都属于发现层，一个是发现我们需要的，另一个是发现我们不需要的。简单来讲，就是内容通过互联网传递，有效内容和无效内容、价值内容和垃圾内容通过不同的方式进行分享。你会发现，不管你是需要还是摒弃，喜欢还是讨厌，你都无法拒绝入站系统和出站系统为你推荐的各种内容。

由此可见，发现层是通过发现手段，把内容直接传递给每一个互联网用户。在元宇宙中，发现层作为重要的结构层，有利于创作者根据自己的需求选择内容的产出。

元宇宙单单从概念出发就要有七层架构,这也说明元宇宙在构建之前需要更多的准备工作,包括底层技术和高层建筑理论等相关支持。元宇宙不是一蹴而就的,而是需要经过各项技术、各种理论持续地提升和完善,才能慢慢形成构建元宇宙的基础。

第02章
应用条件：元宇宙基本构成与通关路径

八大要素：身份、朋友、沉浸感、低延迟、多元化、随时随地、经济系统、文明

元宇宙具备八个要素，即身份、朋友、沉浸感、低延迟、多元化、随时随地、经济系统和文明。

身份（Identity），每个人登录这个游戏之后，都会获得一个虚拟身份。我们在真实世界有一个身份，在虚拟世界也需要一个虚拟身份。简单来讲，就像是在游戏中，或者是在社交平台，玩家给自己定了一个身份，这个身份不受平台限制，且一个人只能有一个账号。

朋友（Friends），元宇宙内置了社交网络，每个人的活动、交流都在元宇宙中进行。

沉浸感（Immersive），迄今为止，沉浸感是人机交互中最容易被人忽视的一部分，虽然它经常在游戏环境中被提及，但是当你阅读一本特别引人入胜的书或是观看电影、电视节目的时候会有这样的体验。沉浸感就好像是置身其中一样，尤其是看3D电影时，当一个人物在扔东西的时候，观众会有一种东西是朝着自己扔来的错觉，这就是沉浸感。

低延迟（Low Friction），游戏延迟就是数据从游戏客户端到服务器再返回的速度。网络状态越好，服务器响应越快；同时，使用人数越少，延迟就会越低。在一些需要快速反应的游戏中，如竞技类和RPG类对战，延迟对于游戏的

影响很大。元宇宙虽然不是游戏,但也是依托虚拟网络的平台,所以,一样需要低延迟。

多元化(Variety),虚拟世界有超越现实的自由和多元性。这个比较容易理解,就好像是艺术作品,艺术作品源于现实并高于现实。比如,如果现实是一个蛋糕坯子,艺术作品就是奶油点缀。虚拟世界也是如此,它势必比现实世界更加丰富。

随时随地(Anywhere),元宇宙不受地点的限制,用户可以利用终端随时随地出入。这个就很容易理解了,不像坐公交车,要到固定的车站才能上车,而是像坐私家车一样,随时上车。

经济系统(Economy),元宇宙也有经济,而且是比较完善的体系,将有属于元宇宙的虚拟货币,用来丰富元宇宙的经济体系。

文明(Civility),在现实社会中,有社区、村庄、城市,每一个都是文明社会的组成部分。在元宇宙也有这样的设定,可以说元宇宙是现实世界的升级版,或者说是高配版。现实世界的东西都会相应出现在元宇宙,文明更是如此。

以上就是目前元宇宙所包含的八大要素,在发展过程中,元宇宙可能会有更多的元素出现,但这八个要素是元宇宙最根本、最基础的元素。

第02章

应用条件：元宇宙基本构成与通关路径

通关路径：AR和VR——最关键路径；区块链和NFT——最合理途径

进入元宇宙，AR和VR是最关键的路径，也是必须通过的路径。这就好比，我们从一个地方到另一个地方，如果近就可以骑一辆共享单车，如果远就需要乘坐公交车、私家车或是地铁等交通工具。实际上，从现实物理世界进入网络平行世界元宇宙的关键路径就是"交通工具"的选择。其中，AR和VR就是必备的"交通工具"。

AR：增强现实（英文名称：Augmented Reality，缩写为AR）技术是一种将虚拟信息与真实世界巧妙融合的技术，它将计算机生成的文字、图像、三维模型、音乐、视频等虚拟信息模拟仿真后，应用到真实世界中，虚实两种信息互为补充，从而实现对真实世界的"增强"。

VR：虚拟现实（英文名称：Virtual Reality，缩写为VR）技术是20世纪发展起来的一项全新的实用技术。虚拟现实技术囊括了计算机、电子信息、仿真等技术，其基本实现方式是通过计算机模拟虚拟环境给人以沉浸感。举个例子，同样是一篇文章，为什么有人随随便便就有10万+的阅读量，有的人费尽心思阅读量不过百，问题的本质还是出在内容上，一个能够让人有代入感、沉浸感的故事，一个戳到读者痛点的故事，要比一个干巴巴的故事更吸引人。这也就是为什么元宇宙一定要激活VR内容生态关联，要从内容上给用户以沉浸感的原因。

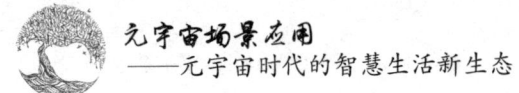

视觉的沉浸感会随着设备摘下来的那一刻慢慢消失，但是内容的沉浸感却可以影响每一个人。举个例子，我们看一部电视剧，其画面拍摄得非常唯美，不管是角度还是色彩都能够让人置身其中，但当每一集都如此，观众也就不再好奇，随着电视剧的故事情节不再吸引人，观众会弃剧；相反，另一部电视剧，不说拍摄手法，单单就是故事，就能让人感觉意犹未尽，对故事里的主角充满了个人感情，甚至看着电视剧都能展现出自己的情绪，这样的电视剧，就想要赶紧追。于是，有一些视频网站就有了VIP提前看这样的一项业务，且业务开展得很好。这就是为什么元宇宙一定要激活VR内容生态关联，因为不仅要在视觉上让用户身临其境，更要在内容上抓住用户的心理。

从技术层面来说，除了必要的"交通工具"能够送我们到元宇宙之外，在元宇宙中还需要一项路径，这项路径被称为最合理路径，那就是区块链。区块链不是让我们进入元宇宙，而是让我们在元宇宙中能够自由行动的技术。区块链就好比是一个通行证，我们想在元宇宙中自由行动就必须要依靠区块链技术，当然，这不需要我们自己去操作，元宇宙已经给了既定的通行证。

接下来，我们就一起来看看，为什么说元宇宙最合理的路径是区块链？首先，我们要了解什么是区块链。从科技视角来看，区块链涉及数学、密码学、互联网和计算机编程等很多科学技术问题；从应用视角来看，区块链是一个分布式的共享账本和数据库，具有去中心化、不可篡改、全程留痕、可以追溯、集体维护、公开透明等特点。这些特点保证了区块链的"诚实"与"透明"，为区块链创造信任奠定了基础。区块链拥有丰富的场景应用，基本上都基于其能够解决信息不对称问题，实现多个主体之间的协作一致行动。

我们再以NFT来解释一下区块链为什么会被作为认证机制，实际上，区块链作为认证机制得益于区块链去中心化的特点。比特币这么多年能安全地待在钱包里，就是区块链的功劳，区块链是虚拟货币的根本。

NFT全称为Non-Fungible Token，指非同质化货币，是用于表示数字资产（包括jpg和视频剪辑形式）的唯一加密货币令牌。NFT就像有形资产一样可以买卖，所以，NFT是和比特币等虚拟币一样的，是基于去中心化网络的虚拟货币，使得元宇宙的价值归属、流通、变现和虚拟身份的认证成为可能。具有稳定、高效、规则透明、确定的优点，因此区块链被作为认证机制。

进阶路径：硬件进化、软件迭代、基础设施建设、内容支持

元宇宙的搭建过程不是一蹴而就的，而是需要硬件进化、软件迭代、基础设施建设以及内容支持。在元宇宙中必不可缺的前端设备就是硬件，包括虚拟主机（virtual hosting）或称共享主机（shared web hosting），又称虚拟服务器，是一种在单一主机或主机群上，实现多网域服务的方法，可以同时运行多个网站或服务的技术。虚拟主机之间完全独立，并可由用户自行管理，虚拟并非指不存在，而是指空间由实体的服务器延伸而来，其硬件系统既可以基于服务器群，也可以基于单个服务器。

一般来说，虚拟主机是一个必备的前端设备，目前我国能够提供前端设备的互联网公司还是比较多的，所以，如果真的要构建元宇宙，我国还是能够提供足够大的虚拟空间的。除了虚拟主机，前端设备还有VR、AR、MR等穿戴智能设备，这些都是属于元宇宙必备。

软件迭代就不用说了，底层技术都是通过迭代完成升级，我们主要来说一下物联网在元宇宙中的应用。对于元宇宙来说，物联网就像是基础设施建设，和底层技术有所不同，物联网是一个能够支撑起元宇宙的大框架。

物联网（Internet of Things）指的是将无处不在的末端设备和设施，通

过各种无线/有线的长距离/短距离通信网络实现互联互通（M2M）、应用大集成（Grand Integration）以及基于云计算的SaaS营运等模式，在内网（Intranet）、专网（Extranet）和/或互联网（Internet）环境下，采用适当的信息安全保障机制，提供安全可控乃至个性化的实时在线监测、定位追溯、报警联动、调度指挥、预案管理、远程控制、安全防范、远程维保、在线升级、统计报表、决策支持、领导桌面（集中展示的Cockpit Dashboard）等管理和服务功能，从而实现对万物的"管、控、营"一体化。

物联网技术是非常复杂的一项技术，那么，物联网企业是如何参与建设元宇宙的呢？其实，有一些物联网企业正在按照元宇宙的理念，构建自己的系统和网络。举个例子，Helium公司就在试图构建一个去中心化的、超大规模的、通过经济激励促进利益相关者共同建设的物联网设备无线网络。

元宇宙和物联网有什么关系呢？不管是穿戴设备、智能汽车，还是现在家庭端的智能家居，物联网将来都会是元宇宙的一个传感器端入口。以前我们的传感器就是电脑的键盘和鼠标，未来可能会涉及你的眼镜、你的手机，甚至各方面的连接设备，这些都是物联网的终端形态。

内容支持这一点是互联网的共性，作为互联网3.0版的元宇宙更需要内容支持。

巨头布局：游戏公司、综合巨头、硬件公司、软件公司

数据显示，截至2021年9月，A股元宇宙产业链共计有80多只个股，市值超过4万亿元。相关主题涉及的产业链非常广泛，主要包括AR、VR、网络游戏、社交互联网、云计算、智能穿戴、生物识别、数字孪生及音视频技术服务等。

元宇宙有望形成一个非常庞大的产业链，具体来看，包括了海康威视、立讯精密、京东方A、韦尔股份等千亿元市值公司，还有冰川网络、万隆光电等市值较低的公司。比如，凯撒文化等游戏公司，早已开始围绕相关技术进行布局，并开展相关项目的开发。据悉，凯撒文化开发的动物星球元宇宙题材项目，还植入了NFT概念，在链上可以实现收益，整个项目不再局限于游戏，而是一个真正可成长的智能虚拟交互平台，也就是常说的"元宇宙"。

就目前的发展趋势来看，游戏板块是最受市场关注且利好最实际的板块之一。A股市场上，互联网传媒板块中多为网游公司，其中部分公司身兼多重相关技术或者是概念。由此可见，元宇宙产业增长大有可为，且观望者居多。虽入场者算少数，但已经引发大规模的股票上涨趋势，元宇宙产业增长情况是乐观的。

天眼查数据显示，2021年以来"元宇宙"商标已被多家公司及自然人申请注册，相关商标申请信息超240条。腾讯、爱奇艺、快手、中青宝、字节跳动等多

家公司先后布局。

2021年6月，Soul关联公司上海任意门科技有限公司申请注册了"年轻人的社交元宇宙"相关商标；2021年7月，快手关联公司北京达佳互联信息技术有限公司申请注册多了个"快手元宇宙"商标；2021年9月，重庆爱奇艺智能科技有限公司也申请注册了"奇遇元宇宙"等商标。

除此之外，东方电子、安妮股份及视觉中国等公司都涉足底层架构；浪潮信息、中科曙光、青云、科大讯飞等公司则涉足后端基建，后端基建包括5G、云化及GPU等。

除了底层架构和后端基建之外，完美世界、科大讯飞、中望软件等科技公司也在场景内容领域纷纷发力，涉及智慧医疗、工业设计等；歌尔股份、京东方A等也在前端设备的AR和智能可穿戴设备领域展开了研究，如图2-3所示。

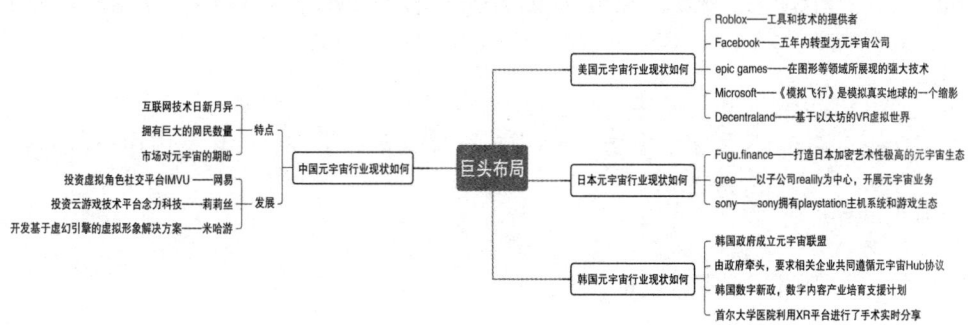

图2-3　元宇宙巨头布局

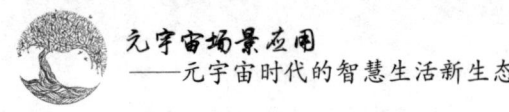

第一，美国元宇宙行业现状如何？

我们通过网络收集到了一些美国元宇宙行业的发展现状，大家一起来看一下。

Roblox，未来的元宇宙应该是由用户创造的，而Roblox公司则是工具和技术的提供者。

Facebook，2021年7月27日，Facebook宣布成立元宇宙团队，在五年内转型为元宇宙公司。

Epic Games，我们认为Epic《堡垒之夜》是游戏行业首个可信的元宇宙虚拟世界。Epic公司在图形等领域所展现的强大技术，使得它们的虚幻引擎及其创新技术始终走在行业前端。

Microsoft，《模拟飞行》这款游戏是模拟真实地球的一个缩影，以后大家在玩这款游戏时，真正的体验是地球。在这里，有2万多个城市，15亿个建筑，1.17亿个湖泊，2万亿棵树，地球上每增加一棵树，他们都会增加到游戏中去。

Decentraland，基于以太坊的VR虚拟世界，第一个去中心化、由用户所拥有的虚拟世界。

第二，中国元宇宙行业现状如何？

中国对元宇宙的关注度还是非常高的，我们先来了解一下。

一是中国近两年在互联网技术上的发展可以说是日新月异，今天还是4G，一周之后就是5G盛行。同时，中国互联网公司也做得非常好，规模比较大的独角兽公司也很多，就连芯片这样的高技术含量、高精密度的产品，我们也有了华为品牌。在技术上，现在的中国算是中坚力量。

二是中国网民特别多，中国具有上网能力的网民就有近十亿，这个数字在一些国家是远远达不到的，虽然人口红利不是非常吃香了，但是互联网的人口红利却刚刚到来，尤其是跟着互联网一起成长的"90后"，已经是目前中国社会坚实的网民群体，他们对互联网的依赖程度是难以想象的。

三是市场对元宇宙的期盼，很多企业都是在做相关技术的产品，整个市场对于元宇宙还是有很大期盼的，如扎克伯格将公司改名后股价大涨。实际上，在元宇宙概念推广的时候，国内A股市场曾经一下子火起来25个概念股，这些概念股无一不是与元宇宙有着关联。从市场角度来看，企业需要元宇宙，投资者也需要元宇宙。投资者不再选择观望，而是提前买入。

我们先来看几家在元宇宙产业链上比较知名的企业。

腾讯，完善的元宇宙资本布局。

字节跳动，正在完善的元宇宙资本布局。

网易，推出《河狸计划》原创游戏社区，提供低门槛游戏开发工具。投资虚拟角色社交平台IMVU。

莉莉丝，推出游戏开发平台和社区，发起达·芬奇计划游戏创作大赛，投资AI团队启元世界，研发用于在线游戏的认知决策智能技术，投资云游戏技术平台念力科技，开发云游戏解决方案。

米哈游，现象级开放世界RPG游戏《原神》展示出强大的开发实力，出资8900万美元参与社交元宇宙Soul的私募配售，开发以鹿鸣为代表的基于虚幻引擎的虚拟形象解决方案，与上海交大医学院附属瑞金医院合作建立，瑞金医院脑病

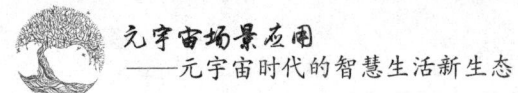

中心米哈游联合实验室，研究脑接口技术的开发和临床应用，组建人工智能科学家团队，建立逆熵工作室。

第三，日本元宇宙行业现状如何？

财联社2021年12月7日消息称，日本的加密资产（虚拟货币）兑换平台FXCOIN将在一周内成立元宇宙的业界团体"一般社团法人日本元宇宙协会"，相关团体将与金融厅等行政机关相互配合，启动市场构建，力争使日本成为元宇宙发达国家。

除此之外，日本的企业也在积极布局元宇宙，作为日本首家元宇宙IP的NFT交易平台，Fugu.finance不仅为各类艺术家与用户提供交易场景，而且在丰富平台生态的基础上开发了多种元宇宙游戏。例如，虚拟艺术会展，艺术家可以将自己的各类作品放入会展中，用户可以通过自己在元宇宙游戏中的身份进入会展参观艺术作品，并进行作品交易。未来，平台将允许用户参与游戏设计，并邀请平台中的艺术家和其他用户前来参与，充分发挥平台中各种角色的价值才能，丰富游戏的可玩性，持续丰富平台生态。

Fugu.finance将平台内的加密艺术创作、加密艺术会展、加密艺术拍卖、NFT交易、游戏、社区治理、货币流通等有序地融合在一起，打造日本艺术加密性极高的元宇宙生态。

此外，日本社交网站巨头Gree称，将以子公司Realily为中心，开展元宇宙业务，到2024年预计投资100亿日元，在世界范围发展1亿以上的用户。该公司认为，并不是只有3D界面才能叫作虚拟世界，让用户感受到社会性的机制更为重要。

同时，日本动漫也在积极布局元宇宙，发挥日本动漫的文化影响力，《virtual avex（虚拟爱贝克思）集团》发布，由任天堂发布《动物之森》系列第7部作品，全球顶级AI会议ACAI在《动物森友会》上举行研讨会。

日本的老牌企业Sony在布局元宇宙上也是当仁不让，Sony拥有Playstation主机系统和游戏生态，2016年推出了Playstation VR，之后，入股Epic Games并建立合作关系，推出Dreams Universe，用户可以在其中进行3D游戏创作、制作视频、并分享到UGC社区。其概念类似于Roblox，上手难度低，图像效果更好。

第四，韩国元宇宙行业现状如何？

韩国元宇宙行业也是备受瞩目，我们具体来看一下。

一是由政府牵头成立元宇宙联盟。

2021年5月8日，韩国信息通讯产业振兴院联合25个机构和企业成立了元宇宙联盟，旨在通过政府和企业的合作，在民间主导下构建元宇宙生态系统，在现实和虚拟的多个领域开发建设开放性元宇宙平台。

二是联盟，要求相关企业共同遵循元宇宙-Hub协议。

企业依靠各自优势，共同发掘具有商业前景的元宇宙项目；联盟内部成员之间共享有关元宇宙趋势和技术的相关信息；成立咨询委员会避免道德与文化问题；科学和信息通信技术部将提供支持。

三是实施数字新政。韩国开展数字内容产业培育支援计划，共投资2 024亿韩元，约11.6亿人元民币。由此可见，韩国在元宇宙上不仅投入了巨大的人力、物力，还投入了巨大的财力。

那么，作为韩国的企业，又是如何看待元宇宙的呢？

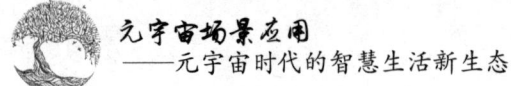

首先，韩国的顶流企业——三星为视觉障碍人士开发了VR眼镜，有角膜混浊症状的人戴上与Relumino应用程序联动的VR机器可以看到更清晰的轮廓，该眼镜还有矫正高度近视的效果。

其次，专业型企业的奋勇直前，人工智能项目NEON于CES2020上正式展出，它能够像真人一样快速响应对话、做出真实的表情神态，且每次微笑都不尽相同，因为它可以构建机器学习模型，在对人物原始声音、表情等数据进行捕捉并学习之后，形成像人脑一样的长期记忆；JUMP AR是基于AR的App，用户可以设计自己的AR形象并放置在现实场景中拍摄照片和视频，其与众多K-POP明星联名推出明星的AR形象，应用视频捕捉技术，允许用户与偶像随时随地合影留念；UNIVERSE，游戏企业NC Soft 推出元宇宙平台，特别为K-POP粉丝们提供了服务，用户可以收到经过深度学习生成的艺人的语音信息。此外，用户还可以自由装饰偶像成员的3D角色、舞蹈动作等。

最后，韩国首尔大学也参与了元宇宙的应用，2021年5月29日亚洲心血管胸部外科学会第29届在线学术会议上，首尔大学医院利用XR平台进行了实时分享，来自英国曼彻斯特大学医院、新加坡国立大学医院及亚洲多国的胸外科医疗团队共200多人参加。

值得一提的是，元宇宙概念出现之后，除了美国之外就是亚洲国家对元宇宙的热情高涨，在元宇宙相关产业中，很多企业都来自中国、日本、韩国、新加坡等亚洲国家，且各国政府也给予了巨大的财力、物力支持。

第03章

虚拟游戏:元宇宙的第一个场景应用

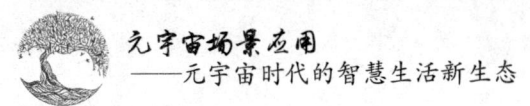

元宇宙与游戏的不解之缘

元宇宙是游戏吗？在这里可以明确地回答：元宇宙不仅仅是游戏。

Second Life是元宇宙的雏形，Roblox又是第一个把自建内容写入招股书在纽交所上市的，虽然现在的元宇宙离不开游戏，但元宇宙不仅是游戏。元宇宙虽然拥有游戏的特点，但不局限于此。我们先来看看游戏和元宇宙到底有哪些相似和不同之处。

玩网络游戏最重要的因素就是你需要在网络游戏里有一个自己的身份，给自己起一个昵称，就像是打造出来你的一个分身。

有的游戏有固定身份，如《大富翁》这类，你只能成为其中一个身份，根据身份在游戏里进行资产配置。也有很多游戏并没有提前设定的人物剧本，如在斗地主中，你就是你，你不是任何已定的游戏人物，但你也不是真实世界的你。

在游戏人物设定上，元宇宙和游戏的确有点儿相似。在元宇宙中，你可以与自己现实世界中的身份完全不一样，在现实世界里，你是一个中年男人，而在元宇宙你可以是一个妙龄少女。如果在其他虚拟网络平台，一个人的身份再虚拟化，也与现实有着千丝万缕的联系，但是在元宇宙中，切断了现实世界真实的你与你所创造出来的人的所有关联。这一点，游戏做不到。

另外一点，可穿戴智能设备。玩游戏的人都知道，VR眼镜一戴上，自己瞬间就成了游戏中的人，在元宇宙中也是要依靠这些穿戴智能设备的。毕竟让自己沉

第03章
虚拟游戏：元宇宙的第一个场景应用

浸在元宇宙这样一个虚拟的平台里，靠的就是沉浸感，就像我们玩电脑自带游戏（如扫雷）的时候，是不会有沉浸感的。但是，现在的扫雷游戏因为有3D界面，就让人有代入感，身临其境，感觉如果扫雷不彻底，自己的性命都悬着，这就是区别。但请注意，这和元宇宙还有相当的距离，游戏绝不是我们所说的元宇宙。

元宇宙和游戏最大的差别在于，游戏无论如何开放，都有一个根本"中心化"，但是元宇宙与游戏完全不同的就是"去中心化"。

元宇宙虽然不是游戏，却和游戏有着千丝万缕的联系。多人开放游戏可以被称为元宇宙的前身，我们从游戏出现的几个阶段来了解元宇宙，如图3-1所示。

图3-1 游戏五阶段与元宇宙

可以说，Second Life的出现推进了元宇宙的形成进程。例如，概念、玩法、规则的形成。由此，我们可以说，元宇宙与游戏有着不解之缘。

虚拟游戏三要素：UGC、沉浸社交、经济系统

前面说了游戏的几个阶段，从2D画面开始，一直到现在的沉浸式游戏，都离不开虚拟游戏具有的三要素，如图3-2所示。

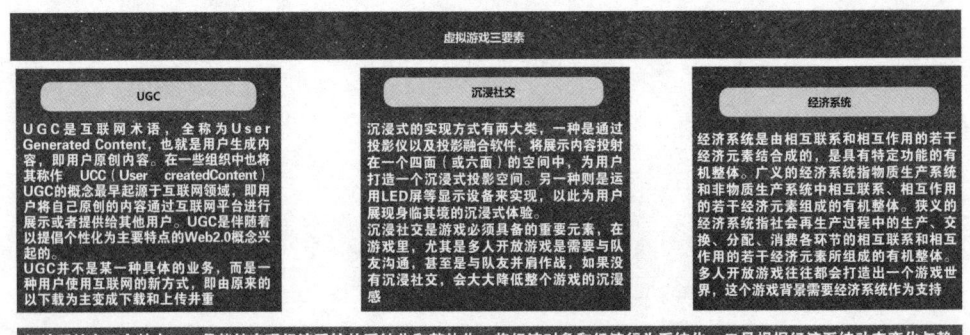

图3-2　虚拟游戏三要素

第一，UGC是互联网术语，全称为User Generated Content，翻译成中文是用户生成内容，即用户原创内容。在一些组织中也将其称作 UCC（User Created Content）。UGC的概念最早起源于互联网领域，即用户将自己原创的内容通过互联网平台进行展示或者提供给其他用户。UGC是伴随着以提倡个性化为主要特点的Web2.0概念而兴起的。它并不是某一种具体的业务，而是一种用户使用互联网

的新方式，即由原来的以下载为主变成下载和上传并重。

在Web 2.0时代，网络上内容的产出主要依靠用户，每一个用户都可以生成自己的内容，互联网上的所有内容由用户创造，所以互联网上的内容会飞速增长，形成多、广、专的局面，对人类知识的积累和传播起到了一个非常大的作用。但要注意的是，正因为每一个人都可以生成内容，也会有很多错误、虚假和片面的内容，所以要进行甄别与判断。

YouTube等网站都可以看作UGC的成功案例，社区网络、视频分享、博客等都是UGC的主要应用形式。

第二，沉浸社交，其沉浸式的实现方式有两大类：一种是通过投影仪和投影融合软件，将要展示的内容投射在一个四面（或六面）的空间中，为用户打造一个沉浸式投影空间；另一种则是运用LED屏等显示设备来实现，以此为用户提供身临其境的沉浸式体验。就像是我们通过AR、VR置身于游戏中一样，这种沉浸社交就会让你有一种置身其中的感受。沉浸式被广泛运用在游戏里，当我们通过智能穿戴设备玩游戏的时候，能够有一种置身游戏中的快感，甚至在摘掉设备之后，都有一段时间的错觉，这种沉浸式让人对现实与虚拟很容易有一个模糊的判断。

沉浸社交也是如此，在游戏里，尤其是多人开放游戏是需要与队友沟通，甚至是与多人并肩作战的。如果没有沉浸社交，会大大降低整个游戏的沉浸感。

第三，经济系统，是游戏不可或缺的要素。什么是经济系统？经济系统是由相互联系和相互作用的若干经济元素结合而成，是具有特定功能的有机整体。广义的经济系统是指物质生产系统和非物质生产系统中相互联系、相互作用的若干

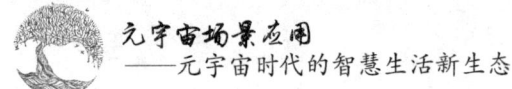

经济元素组成的有机整体。例如，国民经济系统是一个国家最具有代表性且规模宏大的有机统一的经济系统。一个国家的国民经济系统的运行，不仅涉及国家内部的各地区、各企业、各部门、各单位，而且涉及世界经济系统以及世界上若干国家、地区、集团等。国民经济系统既反映了内部若干经济元素的相互联系和相互作用，又受到外部因素的影响。狭义的经济系统是指社会生产过程中的生产、交换、分配、消费各环节中相互联系和相互作用的若干经济元素所组成的有机整体。这四个环节分别承担着相应工作，完成特定的功能。

在游戏里，我们知道多人开放游戏往往都会打造出一个游戏世界，在游戏世界里可以说是麻雀虽小五脏俱全，每一个网络游戏都在打造一个完整的游戏背景，这个游戏背景就需要经济系统作为支持。

经济系统有以下四个特点。

一是能够将经济对象和经济行为系统化；根据开放系统优于封闭系统的特点，使经济系统处于开放状态；根据经济系统的线性与非线性关系，对经济系统的整体性进行把握。

二是依靠经济系统动态变化与静态稳定性的关系，实现经济系统在动态演进中的动态变化与静态稳定的整合；根据经济系统的平衡与非平衡，实现经济系统在非平衡基础上的平衡与非平衡的整合，最终形成一种以最小的投入实现最大的产出的高效机制。

三是根据经济系统的复杂程度，实现从质点思维到简单性思维到多维思维再到高维思维的深入研究；根据经济系统在不同环境因素下的涨落，确立辩证的整体经济战略，并及时进行调整，实现在整体战略基础上的整体计划与整体管理的整合。

四是实现经济系统的自组织化。根据对经济系统自组织的科学认识，使管理和计划科学合理地介入经济自组织系统，实现经济系统的有序化、可控化，并促使其产生有利的变化。

由上面四点可以看出，经济系统最终影响的是整个游戏，而且通过经济系统构建了完善的游戏的经济体系。所以，对于游戏来说，UGC、沉浸社交、经济系统缺一不可，也正是这3个方面的持续升级，才能够让多人开放游戏更具吸引力。

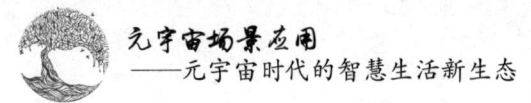

怎么利用游戏引擎做元宇宙

游戏引擎是指已编写好的电脑游戏系统或者交互式实时图像应用程序的核心组件。这些系统为游戏设计者提供编写游戏所需的各种工具，其目的在于让游戏设计者不用由零开始就能快速地编出游戏程式。其中，大部分都支持多种操作平台，如Linux、Mac OS X、微软Windows。游戏引擎包含以下系统：渲染引擎（即"渲染器"，含二维图像引擎和三维图像引擎）、物理引擎、碰撞检测系统、音效、脚本引擎、电脑动画、人工智能、网络引擎以及场景管理。

从功能上来看，引擎就是游戏中起到控制作用的代码。无论是2D游戏还是3D游戏，无论是角色扮演游戏、即时策略游戏、冒险揭谜游戏还是动作射击游戏，哪怕是一个只有1兆的小游戏，都有这么一段代码。由此可见，游戏引擎是常见的且必要的。

经过不断进化，如今的游戏引擎已经发展为一套由多个子系统共同构成的复杂系统，从建模、动画到光影、粒子特效，从物理系统、碰撞检测到文件管理、网络特性，甚至还有专业的编辑工具和插件，几乎涵盖了开发过程中的所有重要环节。以下几点也是打造元宇宙的重要环节。

第一，光影效果。一个光影效果非常好的游戏，能够给玩家带来特别的感受。在元宇宙的构建过程中，肯定会重视光影效果，从而打造出一个与现实物理世界有着同样光影效果的世界。

第二，动画。在游戏中，动画体现在两个方面：一个是骨骼动画系统，另一个是模型动画系统。我们说未来的我们都是元宇宙的一分子，那么，我们在元宇宙中有可能是通过动画体现。比如，在一些动画片里，人物动作僵硬不自然，我们就觉得动画做得很差劲，而当我们看到人的动作流畅时，就会觉得动画技术水平很高。未来在元宇宙中，我们每一个人的每一个细微动作所展现出来的都是动画效果。

第三，遵循物理规律。现在拍电视剧都不遵循固定的物理规律，而在元宇宙中是需要遵循一些固定的规律的。比如，当角色跳起来时，跳多远、跳多高、下降的速度有多快以及奔驰车跑多快，这些都不能凭空乱写，而是要遵循物理规律，只有如此，才能够给人以真实感。

现在很多赛车游戏，当我们戴着智能穿戴设备驾驶"车子"的时候，车速是与现实一样，游戏中很多方面也要遵循固定规律。元宇宙既然号称现实物理世界的平行世界，势必要与现实世界有所关系，这其中之一就是遵循固定物理规律。

第四，渲染。渲染就是把模型、动画、光影、特效等所有效果实时计算出来并展示在屏幕上。渲染引擎在引擎的所有部件当中是最复杂的，它的强大与否直接决定着最终的输出质量。渲染到位，每一个细节看起来都会非常真实，这是元宇宙要呈现的一个效果，所以渲染引擎对于元宇宙来说是至关重要的。

引擎还有一个重要的职责就是负责玩家与电脑之间的沟通，处理来自键盘、鼠标、摇杆和其他外设装备的信号。如果游戏支持联网特性的话，网络代码也会被集成在引擎中，用于管理客户端与服务器之间的通信。

通过游戏引擎我们能够做出一个元宇宙，也正是因为如此，才会有人将游戏和元宇宙视为同样的一个网络事物。实际上，元宇宙包含游戏，但在技术和呈现上却不仅仅限于游戏。

第 03 章
虚拟游戏：元宇宙的第一个场景应用

用核心技术打造多人游戏服务系统

移动互联网的成熟，让大型线上游戏的体验场景从电脑主机逐渐转移至智能手机、智能电视等平台。同时，在线游戏作为新时代的一种社交媒介，已经吸引了很多单机游戏玩家或非游戏用户，到线上寻找休闲娱乐的方式。

在全球范围内，大型多人在线类游戏的玩家基础已经稳固多年，从十几年前的《魔兽世界》《永恒之塔》等MMORPG游戏，到近年来火热的沙盒竞技类游戏，玩家越来越适应与数十名甚至上百名"真人对手"在同一场景内博弈。

这里，我们就来具体聊一聊多人在线游戏的三个技术难点。

第一个难点是通信架构的选择。这里分为两个方式：一是同步方式，就是简单粗暴但是稳定性非常高的一个方式；二是异步方式，这一方式体验感很好，但相对来说稳定性差了一些。

游戏中具体采用哪种通信架构并没有一个标准答案，要根据游戏具体的设计和玩法来进行相应的选择。

第二个难点是服务器承载能力。服务器承载力对于多人在线游戏是一个难题，也是决定多人在线游戏到底能够可以同时接纳多少人的关键。如果满屏挤满了玩家，对于游戏开发商或者是运营商来说肯定是好事，但对于技术来说却不一定是好事。如果我们简单粗暴地将玩家的数据实时传输给同屏的其他玩家，按照每一逻辑帧都发生一次成倍的广播次数，假设同屏有上百人，那么逻辑帧就有上万次广播，这对于任何一个服务器来说都是一场巨大的压力。

我们发现，目前很多多人在线游戏都是成千上万人同时在线，这是怎么做到的呢？首先是利用九宫格法，将地图划分为很多小格子，每一个玩家AOI范围就是以自己为中心的九个小格子，同样有三个主要操作，即enter、move、leave enter。比如，计算出当前的curaoi集合，如果oldaoi、curaoi为同一个格子，则通知格子内的所有玩家该玩家在移动；如果oldaoi、curaoi不是同一个格子，则发生了跨格子的操作，那么要将该玩家从旧格子移除，同时加入新玩家。

总之，就是依靠着不同技术，提升服务器本身的承受力。

第三个难点是玩家体验。对于现在的玩家来说，体验感是非常重要的，有一个被重视的点就是延迟，延迟在游戏中是致命的。举个例子，大家玩一个射击游戏，类似于"和平精英"这一种，如果别人都是同步，你是延迟，你在游戏中耽误的那0.01秒，就可能被对方一枪射中。

延迟是怎么产生的呢？假设客户端发送的消息达到服务器需要经历100毫秒，服务器返回给客户端的消息也需要100毫秒，两者相加得到的总时间就是200毫秒，这就是从客户端发送消息到服务器并得到回应的总延迟为200毫秒。换句话说，我们看到的太阳是8分钟前的太阳。

不同种类的游戏对延迟有着不同的容忍度。

·格斗游戏：25毫秒。

·fps和战略游戏：100毫秒。

·mmorpg：300毫秒。所以，技术上要能够解决延迟的问题。

一般来说，多人在线服务器使用的核心技术就是我们常见的网络技术。网络上的所有通信都使用"Sockets"。TCP（传输控制协议）/IP（互联网协议）中的IP规定了这个：对于要发送的消息，需要一个IP地址和一个端口（源和目标）。除此之外，它需要一些内存空间来缓冲数据，这基本上是由"Socket"类提供的。其中，TCP部分具有确保数据不会丢失和节流速度以避免溢出缓冲器，并重新发送消息等作用。因此，无论在互联网协议上面使用哪种特定的协议，都会涉及套接字。

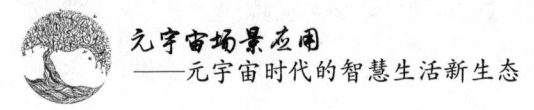

从"罗布乐思"看"经济系统+激励机制"

作为国内的玩家,可能对"罗布乐思"不是那么熟悉,我们先来简单地介绍一下这款游戏。

罗布乐思旗下拥有"罗布乐思"App及Studio。"罗布乐思"App及Studio组成了集体验和开发于一体的多人在线3D创意社区。"罗布乐思"通过提供强大的编辑工具和素材,让用户能够尽情创作内容,并可以在虚拟社区中与伙伴一同交流、共同成长。

Roblox上线于2004年,是世界上最大的多人在线创作沙盒游戏社区,2021年其日活跃用户数达到了4210万。2019年5月29日,Roblox及腾讯正式官宣,推出专为中国内地用户特别设计的本地化的"罗布乐思",腾讯作为Roblox中国区发行商,与Roblox成立合资公司负责中国地区"罗布乐思"的运营。

"罗布乐思"在全球范围的月活玩家高达1亿以上,2021年3月在美股上市,其发行的游戏公司如今市值超过了492亿美元。仅从单论市值和用户规模,这家游戏公司就超越了育碧、CDPR和EA。

其实,"罗布乐思"的游戏内容相当简单直接,就是一个3D的自定义小游戏平台,玩家可以在官方提供的自建工具下自己创造不同的游戏玩法,玩法有点类似于"我的世界"和"Dreams Universe",但"罗布乐思"的创造玩法门槛更低,也更适合青少年儿童。

外媒的统计数据显示,在"罗布乐思"的全球1.6亿日活用户中,美国9~12岁的青少年玩家占50%,游戏的青少年日活用户也高达4200万人,可见游戏在青少年用户中的普及度和受欢迎度之高。

此游戏的玩法也给了玩家创造了很多不同的可能性,玩家甚至可以用编辑器创造出"罗布乐思"低配重制版游戏,什么"GTA"、"CS"甚至"糖豆人"都不在话下。

虽然是作为偏儿童类的作品,但"罗布乐思"并没有止步于向青少年儿童市场发展,游戏中很多自建的玩法,都在无形中强调了其社交属性,正是在这样的基础上,游戏才能建立起类似元宇宙的虚拟世界概念。

"罗布乐思"的社交属性更依靠于玩家之间的互动,在这样一个创造力十足的游戏社区,玩家可以在自建的游戏中产生互动,也可以直接在自建的世界中模拟真实的社交环境,这样的互动属性让游戏成了区别于现实世界的第二宇宙。如同"头号玩家"的绿洲一样,玩家会在这样一个社区中经营着自己的角色,而"罗布乐思"则是把角色经营的要素转换为了游戏建造的玩法,玩家建造心得的交流也是在模拟现实世界中的人际交往。

腾讯这一次的引入,也许也是在尝试用游戏的方式建立属于玩家的社区。与游戏平台的不同,元宇宙的社区概念,是能改变现代人的社交方式的。可见,腾讯将会更深入地走向玩家群体,"罗布乐思"只是一个开端。

"罗布乐思"的CEO戴夫·巴斯祖克曾提出建立元宇宙的八大要素:身份、朋友、沉浸感、低延迟、多元化、随时随地、经济系统和文明。因为元宇宙本身概念就是虚拟的现实世界,所以其内核也要有一套完整且可运行的机制,这种虚

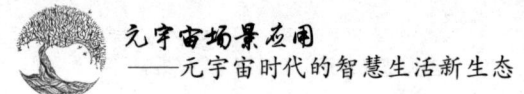

拟现实的世界甚至可以脱离运营进行独立运行。

就目前的技术来看，最有可能实现这一理念的途径就是游戏。因为虚拟现实需要大量还原现实场景的技术，而这正是游戏所擅长的领域。为了提高用户的沉浸感，甚至可以辅以VR、AR等技术来提升用户体验感，虚拟世界的感官体验也正是游戏制作能达成的事项。

腾讯代理了"罗布乐思"的中国国内发行权，也许也是想以此为契机建立元宇宙的游戏社区。虚拟世界的概念其实很符合如今腾讯的用户现状，毕竟大部分用户都是以微信、QQ等社交沟通软件为入口使用腾讯的产品，目前社交网络已经在虚拟世界构架建成前成型了。

虽然"罗布乐思"距离"元宇宙"、电影里展示的沉浸感、全民数字社区还有很长的路要走，但未来，如果"罗布乐思"用户生态可以实现创新性的发展与再造，随着中小学生用户逐渐长大，成为付费能力更强的玩家、创造能力更强的开发者后，并且能持续留在平台，形成某种传承与良性循环，"罗布乐思"或许会带领孩子们走进真正的"元宇宙"世界。

从"星战前夜"看"经济模型+游戏机制"

"星战前夜"（又名"EVE Online"）是冰岛CCP公司开发的一款PC端网游，于2003年5月由Simon & Schuster Interactive（SSI）发行。该游戏2006年进入中国，其间经历了多次代理运营商更迭。自2018年8月1日开始由网易游戏代理运营。

游戏以宏大的太空为背景，高度融合硬科幻元素，为玩家展现了一个自由的虚拟宇宙沙盒世界。玩家驾驶各种宇宙飞船在成千上万的恒星系与未知虫洞空间中穿梭，在游戏的沙盒宇宙中进行各种活动，其中包括采矿、工业制造、科学研究、金融贸易、探索考古以及PVP/PVE战斗等。玩家可从事的活动类型随着相关技能的学习而增加，即使玩家没有上线，游戏中技能的学习也随时在进行。

"EVE Online"揽获包括GDC在内的众多世界游戏大奖，曾在欧美最著名游戏网站"MMORPG"中多次获得"世界最佳游戏"称号，其精妙绝伦的制作还使它被纽约现代艺术博物馆等知名展馆收录。基于沙盒理念，EVE将所有玩家集结于单个服务器内并且设置世界服（宁静）与中国服（晨曦）。另外，为了实现一体化作战而专门独立开发的"DUST 514""EVE：瓦尔基里"两款游戏将在近期配合"EVE Online"实现三位一体的战场联动。

接下来，我们来看一看这款游戏所涉及的系统，如图3-3所示。

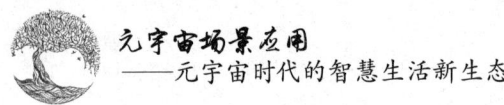

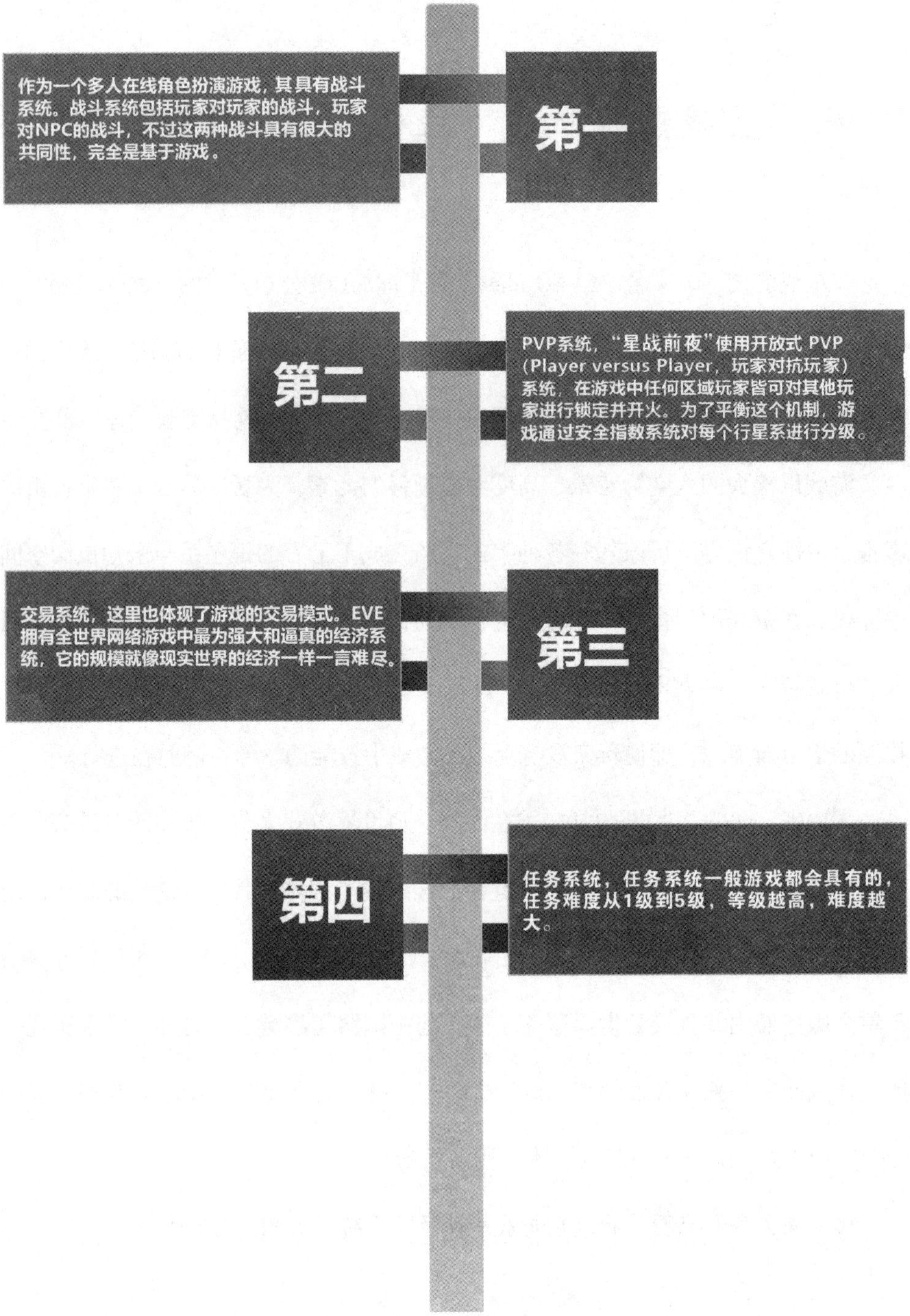

第一：作为一个多人在线角色扮演游戏，其具有战斗系统。战斗系统包括玩家对玩家的战斗，玩家对NPC的战斗，不过这两种战斗具有很大的共同性，完全是基于游戏。

第二：PVP系统，"星战前夜"使用开放式 PVP（Player versus Player，玩家对抗玩家）系统，在游戏中任何区域玩家皆可对其他玩家进行锁定并开火。为了平衡这个机制，游戏通过安全指数系统对每个行星系进行分级。

第三：交易系统，这里也体现了游戏的交易模式。EVE拥有全世界网络游戏中最为强大和逼真的经济系统，它的规模就像现实世界的经济一样一言难尽。

第四：任务系统，任务系统一般游戏都会具有的，任务难度从1级到5级，等级越高，难度越大。

图3-3　游戏所涉及的系统

由此可见，"星战前夜"与元宇宙是非常相近的，因为在这一款游戏里面有一个死亡惩罚，即一个新的身体会在玩家接受克隆的空间站复活，如果没有进行过克隆，那么玩家的身体会复活在第一次进入游戏诞生的空间站。这与在元宇宙我们可以体验不同的人生有着理念上的一致性，所以，"星战前夜"是同类游戏中最值得玩家参与的，它拥有比较完善的系统，尤其是经济模式，可以说是同类游戏中的翘楚。

第04章

虚拟社交：元宇宙发展的重要驱动力

社交4.0时代——社交元宇宙

我们先来看一下社交工具的进化史。

第一代社交工具,是大哥大和BP机。

第二代社交工具,是2G及同时代的小灵通。

第三代社交工具,是3G及早期的ICQ,后被改成QQ及同时期的各种移动通信增值业务。

第四代社交工具,是MSN空间、博客、QQ空间、人人网、51空间。

第五代社交工具,是新浪微博、腾讯微博。

第六代社交工具,是微信、直播、小视频。

综上所述,社交工具实际上可以分为三个阶段,如图4-1所示。

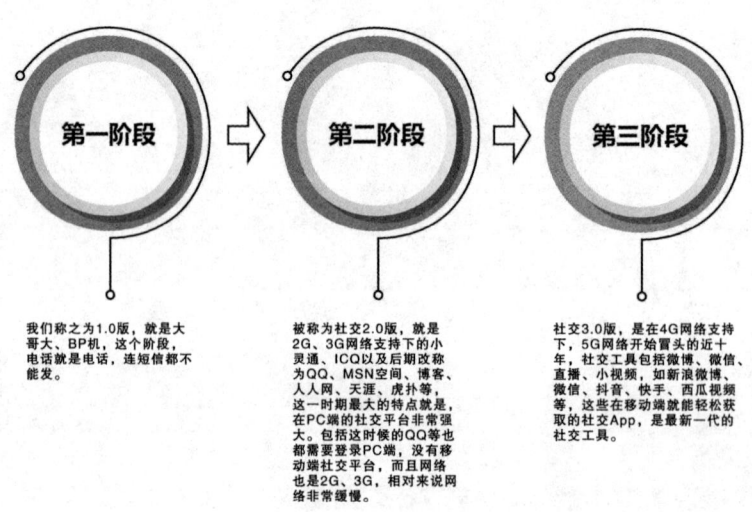

图4-1 社交工具三阶段

现在社交平台有两种：一种是在没有人认识自己的环境；另一种是虽然有昵称但是朋友圈基本上都是认识的人。然而，上述两种方式，实际上归结起来都是一样的，那就是通过线上信息可以找到线下的实体个人。我们的社交看似可以以自己想要的方式进行，实际上，这个想要的方式还是会被暴露真实的个人信息。

然而，元宇宙社交就不会，你无论将自己打造成怎样的人，都不会有人能够联系到现实世界中的你。就好像是，你在元宇宙所打造出来的人本身就是"真实"的，你的社交就像是现实世界中你的社交一样，具有真实性。此外，在"社交元宇宙"里你可以凭借自己的虚拟化身，基于自己的兴趣图谱，体验多样的沉浸式社交场景，在接近真实的共同体验中一起交流、娱乐，最终找到志同道合的伙伴并建立连接。

通过人工智能、AR、VR等技术的持续加码，"社交元宇宙"有望在未来接入更多游戏化、虚拟化的沉浸式场景，让用户拥有更丰富、更多元、更自然的社交互动体验。率先提出打造"社交元宇宙"的Soul App，或将凭借其先发优势成为"社交元宇宙"的代表产品之一。

元宇宙概念下的社交模式：多对多链接、兴趣社交、虚拟交友

元宇宙概念下的社交模式被称为微社交4.0，也就是说，元宇宙概念下的社交应该是目前来看最新的社交模式，这其中需要掌握的是多对多链接、兴趣社交和虚拟交友。或许大家看到这3个概念觉得并不陌生，我们就先来具体了解一下，如图4-2所示。

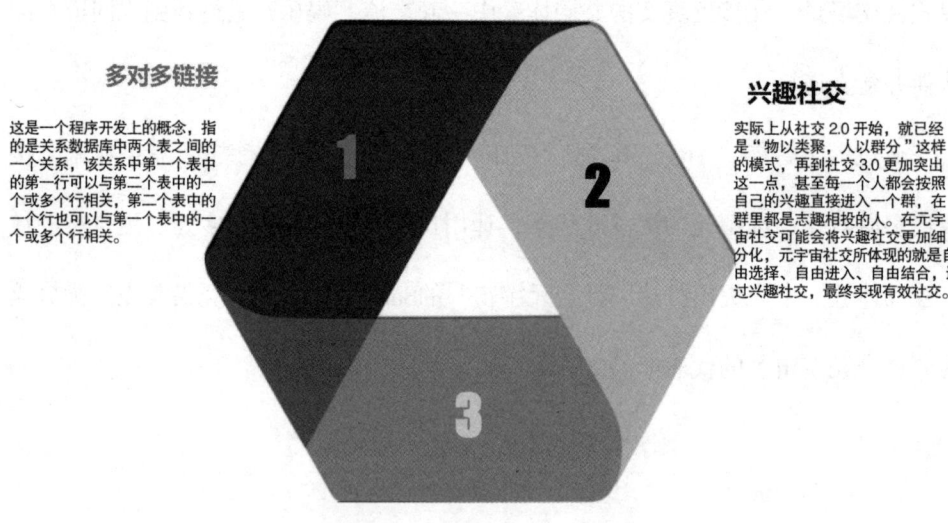

图4-2 最新社交模式

第一，多对多链接，这是一个程序开发上的概念，指的是关系数据库中两

个表之间的关系，该关系第一个表中的第一行可以与第二个表中的一行或多行相关，第二个表中的一行也可以与第一行表中的一或多行相关。

我们可以理解为：一个学生可以被多个老师教，多个老师也可以同时教多个学生。元宇宙社交具有的多对多链接，其实就是我们在同一时间内可以与多人交互，多人也可以与多人交互。现在的社交模式实际上也带有多对多链接的某些特点，如我们建立的微信群就是在实现多人与多人交互的一个模式，这是目前多对多链接更加完善的一种社交。在未来，元宇宙社交可能更突出的是既能够多人互动，又可以在同一个时空内出现个人与多人互动。

第二，兴趣社交，实际上从社交2.0开始，就已经是"物以类聚，人以群分"的模式。你对情感有兴趣就关注情感博主，随之进入情感板块，你对绘画有兴趣就可以直接进入相关的内容板块。到社交3.0会更加突出这一点，甚至每一个人都可以按照自己的兴趣直接进入一个群，群里都是志趣相投的人。

在元宇宙社交可能会将兴趣社交更加细分化，你喜欢绘画，喜欢的不论是毛笔画、素描、水粉画、油画还是铅笔画，都可以根据个人喜好进入相关群里。在这个群里，所有人都有更细分的兴趣爱好。因为只有兴趣相投才能够更好地交流，元宇宙社交所体现的就是自由选择、自由进入、自由结合，通过兴趣社交，最终实现有效社交。

第三，虚拟交友，我们也会通过QQ、微信、微博交友，通过社交平台交友，叫作"网友"。未来在元宇宙社交，都是虚拟交友。因为元宇宙中的每一个人都是现实世界中所打造出来的虚拟人，元宇宙的人并不代表真实世界中的任何一个人。举个例子，我们在现实世界交朋友，交的是朋友，我们通过微信等平台交友，虽然交的是网友，但是也有可能会见面。所以，现在的社交平台实际上是一个工具，一个用来交友、将网友转化为现实朋友的一个工具。但是在元宇宙社交中，元宇宙不是一个工具，而是一个平台，在元宇宙交的朋友不可能转化为现实中的朋友，因为大家对彼此来说都只是虚拟的存在。所以，我们在元宇宙社交交到的只是虚拟好友，这就是其中的区别。

第04章

虚拟社交：元宇宙发展的重要驱动力

在元宇宙中注入互动社交元素

在现实世界中，我们交朋友都会有互动，如线下举办一个活动，来参加的人们可能就会成为朋友，在线上也是如此，通过社交工具进行互动。所以，互动对于社交来说是必不可少的要素。没有任何社交是可以脱离互动的，举个例子来说，只要是社交就一定会有互动的环节。这就是为什么我们在举办一些活动的时候，开场大都是由破冰游戏开始的。简言之，就是来参加活动的人都是彼此不认识的，需要破冰游戏让大家相互认识，才能够在接下来的活动中缓和气氛、激发热情等。

在线上，这样的互动也是随处可见。举个最简单的例子：如何让一个平时没有什么信息的微信群突然活跃起来？有的人就会直接说出，发红包。其实，发红包也是一个互动的方式，只要是引起了同一个圈子内的人的注意和参与，就是互动。

再说与元宇宙有着密切联系的游戏，在多人在线游戏中，大家一样需要互动。如果没有互动，就无法一起做任务。所以，不管我们怎么去强调社交平台，都要认清一个现实：那就是现在的社交平台只是工具。

元宇宙社交势必成为一个平台，在元宇宙上面进行社交，不会希望把这段社交过程转化为线下，也可能无法转化为线下。因为在元宇宙，你所面对的个体或许是一个完全与现实中截然不同的个体。换句话说，现在的社交平台上，你是以现实中的自己为模板打造的一个账号,你希望的是通过自己打造的账号吸引自己所喜欢的人,因此,当对方所展现出来的是你喜欢的人时,你知道对方至少有50%的可能会是你所期盼的那个人,所以你会急切地想要线下见面,你在线上的所有社交都是为了实现线下活动。

而在元宇宙中,你是与现实世界完全不一样的,同样你也知道对方是与现实世界完全不一样的,你们在元宇宙如何相谈甚好,你都不会动心思,因为大家都知道在元宇宙没有一个真实的人存在。

然而,在元宇宙你见到的每一个人又都是真实存在的,你和他的社交实际上就相当于是线下的交友过程,你们互动的过程是真实的。可见,元宇宙社交和目前的互联网社交最大的不同就是,元宇宙社交不是工具,而是一个纯粹的社交平台,所有的互动、交互行为都在元宇宙实现,不会通过元宇宙转化为线下的互动。

个性化内容是元宇宙社交必备标签

元宇宙之所以被大家期待,很大程度上是大家能够在元宇宙中展现出个性化的自己,通过自己所创造的个性化内容,实现在现实物理世界无法完成的想法、夙愿等。

社交网络或者具有共享兴趣的团体已经变得越发普遍,特别是社交网络网站已经允许用户相互之间更加有效地通信。例如,用户可以向社交网络网站发布联系信息、背景信息、工作信息、爱好或其他用户特定数据,其他用户继而可以通过浏览用户简档或搜索包括特定数据的简档来查看所发布的数据。

某些社交网络包含用于将用户连接到与其最为相关内容的系统。例如,根据用户简档中的一个或多个共同属性对用户进行分组,如地理位置、雇主、工作类别、音乐偏好或其他属性。另外,某些社交网络允许用户从该社交网络访问一个或多个第三方应用。这些第三方应用在社交网站中运行。这种应用可以向用户提供彼此通信、协作和交流的新颖、有趣的方法,从而扩展社交网站的功能。虽然社交网站允许用户接收来自社交网站的、基于用户数据而进行了个性化设置的内容,但是由第三方应用提供的信息并不是个性化的,除非用户单独向第三方应用提供信息。因此,用户必须向社交网站和第三方应用提供分离的数据集,以便从这两个来源接收个性化内容,第三方应用不能访问与用户相关联的社交网站所存储的用户数据。

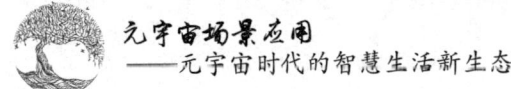

从互联网社交工具的层面上来说,目前社交网络的用户有强烈的个性化内容的需求,而元宇宙社交作为一个平台,更需要个性化的内容。

在这个意义上,平台的生命力就在于能够找到用户的痛点,适应用户个性化需求。用户早就对千篇一律的界面感到厌烦了,App是在自己的手机上呈现的,如果"我的地盘"还不能"我做主",不能按照"我"的需求呈现,那"我"还会把这里当作"我的地盘"吗?

所以,"个性化"已经成为对元宇宙社交的基本要求。一个社交平台如果不能做到"个性化",实现"千人千面",就有可能很快失去用户的兴趣和关注。

但"我的需求"真的是"我"的需求吗?这值得探讨。如今这个时代,没有人生活在真空中,哪怕是在元宇宙,都是各有所需。人们浏览的每一个网页、每一件商品、每一条信息……乃至在互联网上的任何一种行为,都可能对自己、朋友乃至和自己在某些方面类似的陌生人产生影响。

在这个意义上,信息供应者和用户的角色再一次模糊了界限:由于信息供应的海量和无限,每个人依然需要一个"编辑",而这个"编辑"的角色是通过一定的算法由自己、朋友以及和自己相似的或有关联的人共同充当的,这就是"社交化"。

"社交化"的趋势也是逐步形成的。最初的微博和博客几乎都是纯粹"个性化"的,关注哪些内容和哪些博主完全由自己决定,而"头条系"的横空出世很快改变了这种局面。"今日头条"携"社交化"算法之力把"个性化"的微博打得落花流水,顺带把更加"重资产"的博客和RSS放逐到了互联网的边缘。目前,微博也用算法改变了信息流的原始顺序和推荐,这与其说是邯郸学步,不如说是东施效颦。

由此来看,"个性化"是"社交化"的前提,因为没有"个性化"根本谈不上"社交化";"社交化"则实质性地成了"个性化"的基础,因为没有"社交化"的信息作为依据,很多人甚至都无法获知自己的"个性"到底是什么。

元宇宙社交最大的特点就是能够按照你心里所想的去完善。你想要的"个性化",或许在现实世界社交工具中无法实现的事情,在元宇宙社交中可以轻松实现。

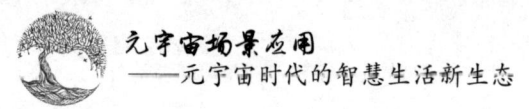

元宇宙社交需要多元化的创作者

社交需要多元化的内容，元宇宙更需要多元化的创作者。元宇宙本身就是一个多元化的展现，需要的多元化创作者也是大势所趋，以目前网络社交对多元化内容的需求来看，多元化创作是未来的一个创作模式。

什么是多元化？多元化是特性不同的对象组合。业务的多元化指非相关、跨行业、多品类的业务组合，如烟草品牌红塔山做地板、空调品牌春兰做汽车、家电品牌海尔做医药，这就是多元化。社会的多元化指性别、种族、民族的不同组合，学习的多元化指跨学科，多元化可以应用到教育、思维方式、婚姻状况等领域，在这种前提下，我们认为多元化是有益的。

综上所述，多元化创作者需要达到以下要求。

第一，作为多元化创作者，首先要能在文字、绘画、视频等方面都有所涉猎，既能写出阅读量10万+的文章，也能制作出观看量过百万次的视频的人就是多元化创作者。当然，这就要求创作者身怀多种技能，而且不能有一种让人无法接受的感觉，如马应龙痔疮软膏厂出的口红和唇膏，你会买吗？白酒品牌出的香水，你会喷吗？多元化创作者需要多重技能，但更需要有一个合理的思路。就好比家电品牌做医药、空调品牌做汽车，虽然我们觉得差距很大，但是会欣然接受。

第二，多元化是有深度的。我们最怕遇到什么都会又什么都不精通的，如会写文章、会画画、会做视频，但是每一项都只有三四分熟悉，元宇宙不需要这样的不成熟多元化创作者。多元化中的每一元都必须是趋于成熟的，这样才能够创作出相对来说更优秀的作品。

第三，多元化创作者一定要以人为本。元宇宙也是一个人群的聚合体，是一个社交平台，所以，元宇宙中多元化创作的根本就是以人为本。多元化创作者所具有的每一个多元都是可以被讨论的，并且能够致力于人类进步和自由幸福。这一点看似要求很高，实际上，我们真正在元宇宙中进行社交的时候，这一点是水到渠成的。

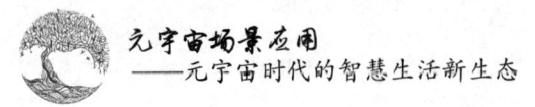

Soul的元宇宙社交基因解析

Soul App于2016年底上线，是基于兴趣图谱建立关系，并以游戏化玩法进行产品设计的Z世代社交平台。在2021年的时候，Soul提出元宇宙概念，并且按照元宇宙设想对产品Soul进行了大规模的修改。

根据2021年3月Soul App披露的数据，Soul App是行业同品类中日均DAU启动次数最高的App之一，同时是日均发布率和Z世代用户渗透率最高的App之一。作为算法驱动的社交游乐园，Soul App的愿景是"持续打造年轻人的社交元宇宙"。

目前，我们所了解的是Soul为用户提供了一个沉浸式、低延迟性的社交场域，群聊派对、Giftmoji等创新的玩法更增进了"社交元宇宙"的多元化体验。可以说，现在通过元宇宙概念所能体现出来的每一个点，都被Soul用在了自己的产品中。

其实，Soul上线之初就不支持真人头像，平台给用户提供了"超级捏脸"工具，用户可以创作属于自己的虚拟形象，配合自我设定的标签，重新构建虚拟化身。这一点是不是特别像是元宇宙所具有的八个要素中的"角色"呢？每一个人的角色不会是一成不变的，而是可以重构自己的化身。除此之外，作为一个社交平台，其还在"元宇宙社交"方面下功夫。比如，Soul中的星球社交、广场发布瞬间、宠物星球、群聊派对、Soul狼人等都体现了多元的游戏场景，应该说Soul

是同时兼具社交、社区和游戏的属性。年轻用户在Soul不会有美颜的需要，大众或小众的分享和爱好表达都是可以实现的；对分享的渴望，对隐私的保护，是可以并存的。

此外，通过Soul币，用户可以购买和消费各种服务以进一步增强他们在Soul应用中的体验，其中包括更多的用户推荐机会、虚拟礼物、Giftmoji等。数据显示，愿意花钱在Soul打造虚拟形象的Z世代在逐渐递增。目前热衷购买虚拟头像的消费者主要来自一、二线城市，占比超过44%，其中18~27岁的用户占比达50.4%。

这也就是后面我们将会讲到的元宇宙购物。Soul App创始人提出社交元宇宙这个概念之后所实行的措施，为Soul增加了两个更具象的特征，而这些特征都是元宇宙所具备的特征，例如：

虚拟化身，像捏脸，在Soul上面所有用户的头像都是虚拟的，是不支持真人照片的；

社交资产，包括用户平时发的一些瞬间动态内容等，与别人交互所留下的都是社交资产。

沉浸感、经济体系以及包容性这三个特征是一体化的。再回到Soul核心的数据上面，2021年5月Soul月活用户数约3400万，Z世代用户占比超过70%，Soul已经成为整个Z世代表达自我精神的一个主要阵地。

2021年5月Soul可以看出，它的确是想成为元宇宙概念中最先出现的产物。然而，Soul只是运用了元宇宙的技术和元宇宙的概念，目前它还是一个社交工具。无论Soul是多么想将自己重构为元宇宙社交，这都是不可以回避的问题。

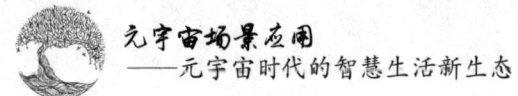

当然,Soul还是具有其优势的,如它所面对的是年轻人,也就是我们说的Z世代。这些年轻人有共同特点,就是线上沟通起来滔滔不绝,线下还没有开始沟通就已经变得紧张。这一批随着互联网长大的孩子,对于互联网的依赖要强于任何一代,所以,Soul的定位是非常正确的。正是因为对用户的这种定位,确实让一部分人将Soul当作一个社交平台,大家在平台上是熟络的朋友,并不想将其转化为线下朋友。这就展现了元宇宙社交的特征,社交平台不再作为工具存在,而是纯粹的一个让陌生人成为朋友的社交平台。

Soul通过自身应用功能来说明对于"社交元宇宙"的理解,也由此展现出了其对于Z世代社交需求的精准把握。随着平台功能不断探索和玩法的不断创新,Soul所打造的"年轻人的社交元宇宙"概念逐渐变得清晰明朗。在未来,Soul还将积极探索更多的发展途径,致力为Z世代打造一个温暖快乐的社交平台,帮助用户在这里获得专属幸福感。或许,这也为新商业的未来发展提供了新的思路。

第05章

虚拟办公：元宇宙时代的远程协作模式

元宇宙颠覆远程会议办公模式

远程会议在这两年也算是突飞猛进,不管是腾讯会议还是钉钉都已经成为职场人必备的App软件,尤其是在疫情反复的情况下,时不时就需要居家办公,为了不影响工作,只能通过这些平台进行远程会议。

元宇宙和远程会议有什么关联呢?其实就是将元宇宙应用于办公场景。当然,我们看到很多公司在元宇宙出现之后,就开始以元宇宙为概念宣传。所以,这就需要我们清楚一点,元宇宙不是万能概念,不能说当概念来袭时就蹭热点,实际上,远程会议办公模式一直都是存在的,而元宇宙则是在打破和颠覆远程会议办公模式。

我们先来看一下远程会议办公模式,如图5-1所示。

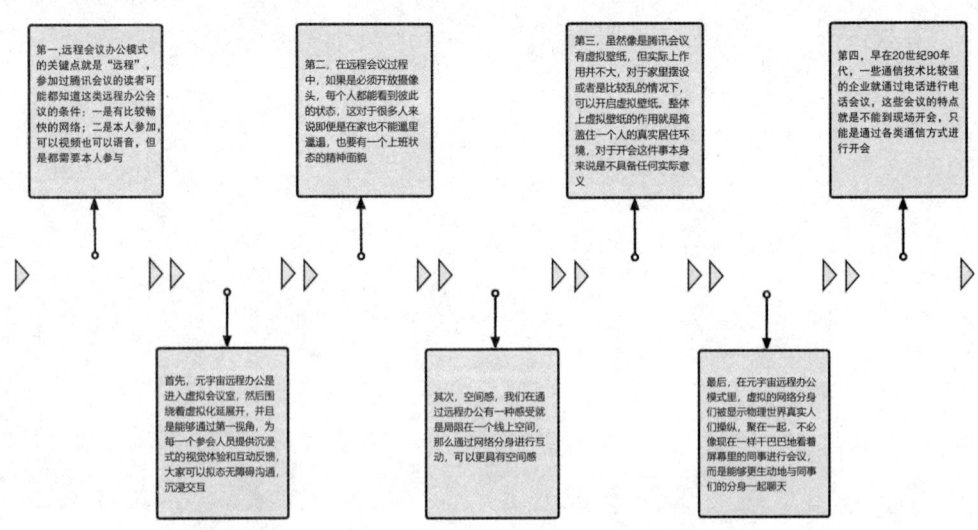

图5-1　远程会议办公模式

第一，远程会议办公模式的关键点就是"远程"，参加过腾讯会议的可能都知道其需要两个基本条件：一是有比较畅快的网络，二是需要本人视频或者语音参加。

第二，在远程会议过程中，如果是必须开放摄像头，每个人都能看到彼此的状态。这就要求即便是在家也不能邋里邋遢，也要保持上班时的精神面貌。

第三，虽然腾讯会议有虚拟壁纸，但实际上作用并不大。在家里摆设比较乱的情况下，可以开启虚拟壁纸。整体上，虚拟壁纸的作用就是掩盖住一个人的真实居住环境，对于开会这件事本身来说不具备实际意义。

第四，远程会议不算是新形式，早在20世纪90年代，一些通信技术比较强的企业就通过电话进行电话会议，会议的特点就是参会人员不到现场，而是通过各类通信方式进行开会。

那么，我们所说的元宇宙会颠覆远程办公模式，如何颠覆呢？

首先，元宇宙远程办公是进入虚拟会议室，能够通过第一视角，为每一个参会人员提供沉浸式的视觉体验和互动反馈，大家可以拟态无障碍沟通，沉浸交互。举个例子，现在我们参加远程会议必须跟上班一样，洗漱好、穿戴好，要有一个上班的精神状态；在元宇宙参加远程会议，展现出来的就是你的虚拟化身，也就是你的网络分身。不管你本人的状态如何，你在会议室中展现出来的是虚拟的网络分身。这样沉浸式的方式能够提升自己在工作中的形象，能够在与同事、客户等交流的时候，给对方留下更好的印象。实际上，这就是一个支持跨真实世界和虚拟世界的共享体验。

其次，空间感。通过远程办公有一种感受就是局限在一个狭小的线上空间，而通过网络分身进行互动，就能够更具有空间感。比如，我们现在进行远程会议需要语音通话时，必须有各种通话方式的支持，而元宇宙会议，就可以达到与在现实世界开会时一样的开口即聊的状态。

最后，在元宇宙远程办公模式里，虚拟的网络分身们被现实物理世界的真实的人们操纵，聚在一起，不必像现在一样干巴巴地看着屏幕里的同事们进行会议，而是能够与同事们的分身更生动地一起聊天。整个开会的环境也不是一张虚拟壁纸，而是和现实会议室一样，有着相关的摆设、海报等。

所以，现在的远程会议产品不可以被标上元宇宙的标签，因为真正的元宇宙办公模式与目前远程会议模式是有根本性区别的。未来，元宇宙的应用将推动实体经济与数字经济加速融合，各类技术价值也将在赋能实体产业中逐步显现，积极助力我国新时代远程办公模式的转型升级。

元宇宙时代"无限办公室"新工作形式

远程会议已经颠覆了传统的办公模式,远程工作和在线交流已经成为人们的日常。然而,现在的技术还有待提升,在目前远程会议的基础上,还需要更高层次的技术支持。现在的办公室功能比较单一,只能满足办公的需求。但是可循环办公的办公室,可以实现办公室多元化使用。"无限办公室"(Infinite Office)实际上就是一个虚拟环境下可以循环办公的办公室。

在元宇宙空间中,人们可以创建一个能在数百个不同的虚拟世界中使用的头像,并通过头戴式显示器等虚拟技术,让即使身处虚拟空间中的用户也可以有与他人在一起的感觉。用户可以与同事互动、参加面试、寻找新工作、与客户沟通和建立业务,提高在线互动的质量。

在Facebook推出的无限办公室,员工就可以在虚拟会议空间进行会议,然后在同一办公室进行多元化办公。无限办公室打破了现在办公室的约束,"无限办公室"的设计主要是面向那些由于新冠肺炎疫情需要在家工作的人,它将虚拟与现实环境相结合。为了提高关注度和灵活性,用户完全可以在沉浸式体验虚拟和现实混合使用之间切换,以增强对周围环境的感知。

无限办公室包括一个大的工作空间,有多个可定制的屏幕,不需要额外的监视器。与此同时,Facebook表示,它的"Oculus浏览器"将提供"桌面级"的网络体验。这个平台的设计理念是尽可能地便携,这样用户就可以从他们离开的地方拿东西。

对于无限办公室,扎克伯克认为:"元宇宙将不止存在于虚拟空间中。未来,我们的跨时空交互方式将不再局限于手机等计算机设备和屏幕式当中,我们可以变成全息影像。"

实现元宇宙后,就可以把任何场景变成无限办公室。不过值得注意的是,虽然无限办公室已经构建起来,现在想进入无限办公室依然需要穿戴智能设备。

虚拟办公三件事：异步协作、一切文档化、一切自动化

虚拟办公室最重要的三点就是：异步协作、一切文档化、一切自动化。这一节我们就具体说一下虚拟办公三件事，如图5-2所示。

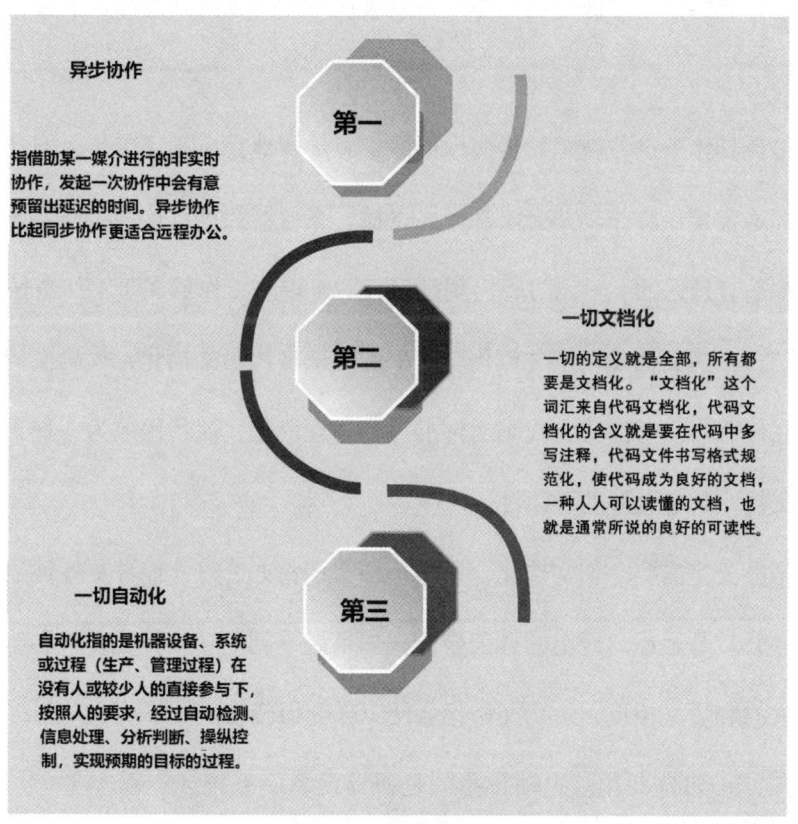

图5-2　虚拟办公室三件事

第一，异步协作。是指借助某一媒介进行的非实时协作，发起一次协作中会

有意预留出延迟的时间。异步协作比起同步协作更适合远程办公，原因如下。

一是因为有异步、有延迟，所以就不会打断正在进行的工作，目前进行的工作可以顺利进行，其他的工作因为有延迟会被排在后面，就不会出现拥挤状态。

二是延迟能够给工作留出更多可以思考的时间，这样就可以做出更准确的判断，达成更细致的结果。

三是有了一定的延迟，解决问题的过程变得更加透明，能够给予每个成员更多的信任。

四是异步协作非常适合远程办公，能够让所有问题得到追踪，不会被丢失和遗忘。

说得再具体一点，就是异步协作更像是有步骤地完成某项工作，但并不是所有工作都适合异步协作。如会议翻译、直播、飞行器控制等这些工作需要同步，因为异步是有延迟的，一旦过程出现延迟，对于以上工作就属于工作责任事件。

第二，一切文档化。"文档化"这个词汇来自代码文档化，代码文档化的含义是要在代码中多写注释，代码文件书写格式规范化，使代码成为一种人人可以读懂的文档，具备良好的可读性。

虚拟办公室需要一切文档化，只有一切文档化办公室才能够更好地运转，毕竟虚拟办公室是远程、线上的办公模式，如果做不到一切文档化，就会给工作带来非常大的麻烦。相反，一切文档化会使工作变得轻松。

第三，一切自动化。自动化指的是机器设备、系统或过程（生产、管理过程）在没有人或较少人的直接参与时，按照要求，经过自动检测、信息处理、分析判断、操纵控制，实现预期目标的过程。自动化技术已经广泛应用于各行各业，尤其是在现在的办公中，自动化办公设备已经得到了普及。

不过在元宇宙虚拟办公室中，自动化不再是指局部或者单指某个方面，而是全部自动化流程。一切自动化是元宇宙对现在传统办公的一种颠覆，同样也是实现元宇宙虚拟办公室的必要条件。

虚拟办公的价值观：尊重、信任、协作、透明、包容、结果导向

虚拟办公起源于欧美，目前我们的虚拟办公也已经开启，虚拟办公和现实办公不同的是：现实办公需要办公室，而虚拟办公能够为企业提供一个值得信赖而且没有租赁成本的办公室，而且虚拟办公不仅仅在办公条件上优于现实办公，在价值观上也有一定的导向。

虚拟办公价值观体现在以下6个方面，如图5-3所示。

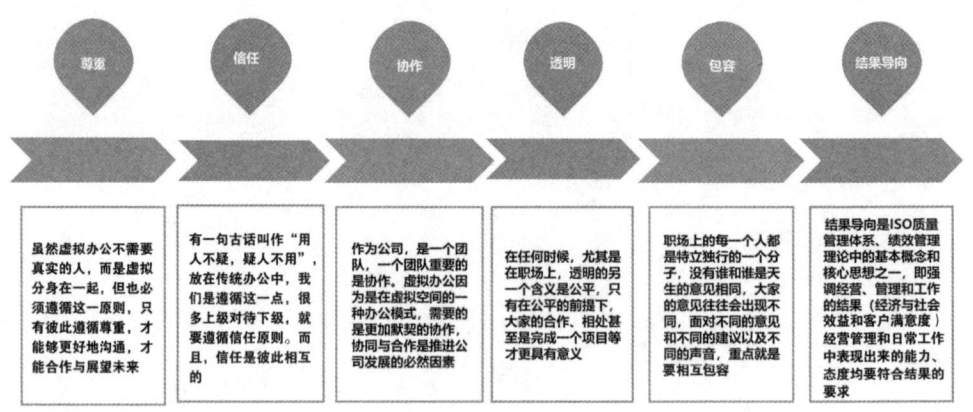

图5-3　虚拟办公的价值观

尊重：实际上不管是虚拟办公还是现实办公，尊重是职场上必须遵守的原则，尊重也是彼此交流与合作的基础。如果没有了尊重，就没有继续交流的必要了。虽然虚拟办公不需要真实的人，而是将虚拟分身聚在一起，但也必须遵循这

一原则，只有彼此尊重，才能够更好地沟通，才能合作与展望未来。

信任：中国有一句古话叫作"用人不疑，疑人不用"，意思是：如果你在聘用一个人的时候，一定不要对其有疑心；如果你对其一直怀有疑心，那最好不要用这个人。在现实办公中，很多上级对待下级都遵循信任原则，那信任就是彼此拥有的。在虚拟办公中，彼此都是虚拟分身，所以对信任也有了更高的要求，不能因为现在的我不是真实的我，我就可以展现出对你的质疑；而应该做到的是，虽然我们都不是真实的，但这并不影响在虚拟办公中，我们对彼此的信任。

协作：公司就是一个团队，一个团队最重要的是协作。虚拟办公是在虚拟空间的一种办公模式，更加需要默契的协作，协同与合作是推进公司发展的必然要素。有人或许觉得，大家都是虚拟身份，即便是我一个人不作为，也不会影响整个公司的发展。实际上并非如此，虚拟办公更需要密不可分的协同与合作，因为协作是虚拟办公中的助燃剂。

透明：透明的另一层含义是公平，只有在公平的前提下，大家的合作、相处甚至是完成一个项目等才更具有意义。这里的透明指的是信息透明，在工作中，不管是上级和下级，还是同级，最害怕的就是信息不能共通，信息不透明会让工作无法进展下去。在虚拟办公过程中，大家在信息公开透明的基础上进行下一步的讨论、沟通，才能达成一致的目标。

包容：职场上的每一个人都是有自主观点的，大家往往会出现不同的意见，面对不同的意见和建议以及不同的声音时，就应采用包容的态度进行沟通。就像有一句话，"我虽不同意你的观点，但我允许你阐述自己的观点"。所以，包

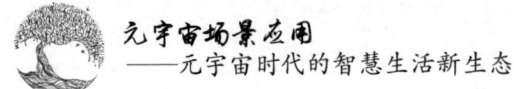

容对于职场来说,能够更好地推进职场中同事之间的关系,上级包容下级,同级包容同级。只有这份包容在,才可以避免不必要的矛盾,让每个人的思维更好地碰撞。

结果导向:结果导向是ISO质量管理体系和绩效管理理论中的核心思想之一,即强调经营、管理和工作的结果,经营管理和日常工作中表现出来的能力和态度均要符合结果的要求。

结果是实施一系列行动之后产生的影响,它是客观事实,既可能是达到预期的,也可能是超出预期或与预期相差甚远的;它可能是正面的,也可能是负面的。站在结果的角度去考虑问题,结果往往会被视为过程的总结。

以上就是虚拟办公价值观,可以看出,虚拟办公和现实办公的价值观没有太大的区别,因为办公指的是职场,而职场不论在什么时间、什么地点都具有以上6个特征,即尊重、信任、协作、透明、包容和结果导向。

第05章
虚拟办公：元宇宙时代的远程协作模式

埃森哲建立线上虚拟办公大楼

埃森哲是一家非常厉害的企业。在元宇宙这个概念出现之前，埃森哲就与一家顶级计算机科技公司共同打造了支持Mesh的沉浸式空间。当时，打造这个空间的时候元宇宙这个概念还没有像现在这么普及，大家称这样一个空间为"沉浸式空间"。在疫情暴发之后，埃森哲超过60万的员工就都登录了它所建立的一个虚拟园区。

60多万名员工在虚拟园区工作与生活，大家可以在这里喝咖啡、听讲座、参加聚会、参加会议等。埃森哲高级董事兼全球数字体验主管Jason Warnke曾表示："我们称它为'第N层楼（The Nth Floor）'。"

我们现在来看"第N层楼"，能够看到元宇宙未来的样子，这是一个在虚拟现实中才会出现的园区，来自世界各地，总数达60万人在"第N层楼"相聚在一起。在这里进行的每一项工作会议、每一个聚会，都聚集了来自全世界的埃森哲员工。

尤其是在新冠肺炎疫情暴发之后，"第N层楼"的优势凸显出来。在大家还在依靠一些远程会议软件的时候，埃森哲的员工已经创建了自己的数字替身，并且进入了虚拟办公环境。在这个环境中，员工有了更加新奇的感受，这个环境被称为"One Accenture Park"。作为一个共享虚拟空间，这里面有中央会议室，有一辆可以载着新员工到处参观的单轨列车……

传统的办公模式中，像埃森哲这样的全球型大企业，一个新入职的员工面对的是一个部门；但是在共享虚拟空间，一个员工直接面对所有的员工，感受与相隔甚远的人一起工作，有的员工来自日本，有的员工来自北欧，所有的人都以自己的数字替身在"第N层楼"工作与生活。

埃森哲的团队在接受采访时表示，未来将推出一组预先构建的沉浸式空间，支持从会议到社交活动的各种场景应用。相关负责人Teper指出："假以时日，企业将能够使用Mesh构建'第N层楼'这样的自定义沉浸式空间，并将它们部署到Teams中。"根据Teper的设想，除了面对面的会议、聊天、电子邮件和视频通话等功能之外，沉浸式空间将成为人们交流和协作的众多方式之一。

在整个团队看来，团队频道中的沉浸式空间可以增强团队凝聚力。例如，一个产品设计团队可以为其日常例会创建一个沉浸式空间，如在一面虚拟墙上展示客户图片，让团队成员有真实的感觉，在另一面墙上可以用不同颜色显示不同任务，桌子上则可以展示产品原型等。

但元宇宙毕竟还没有出现，埃森哲虽然有了令人惊艳的"第N层楼"却也面临着一些不可回避的问题。

第一，当员工打开视频的时候，会有临场感，然而长期打开视频之后，也会涉及每一位员工的隐私、视频疲劳等问题。一天工作8小时，如果8小时完全将自己暴露在摄像头下面，也会从一开始的新奇感慢慢变成负担，甚至会使用户感受到前所未有的压力。

第二，每一个人可以用数字替身代替自己，因为不能被别人看到自己真实的样子，一起工作或开会的人，根本不能了解同事真实的状态。每一个数字替身都是神采奕奕的样子，或许这里面的同事早已经哈欠连天、昏昏沉沉。工作过程中无法了解对方真实状态，就会导致在工作中引起不必要的冲突，甚至会导致一些工作任务无法精确地传达到相关员工，从而给工作造成延迟与失误的情况。

第三，想要很好地控制自己的数字替身，就需要有一些设备，比如智能穿戴设备，这些设备不仅造价比较高，而且长时间穿戴智能设备，容易对自己的视觉、听觉以及感受产生错觉。尤其是在刚刚摘下智能穿戴设备之后，人往往会产生一定的幻觉，分不清自己到底是身处现实世界还是虚拟世界。目前，穿戴智能设备因为技术还没有达到让人能够更自由地切换虚拟空间的程度，会对人造成一定的影响。

总而言之，埃森哲的"第N层楼"让我们相信了元宇宙的可能性，也更加期待元宇宙的出现。

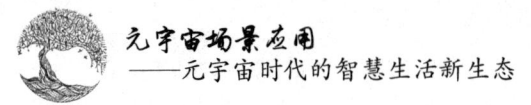

元宇宙场景应用
——元宇宙时代的智慧生活新生态

脸书通过虚拟办公找到元宇宙入口

2020年,Facebook低调推出Horizon Workrooms公测版,扎克伯格正式开启了落地VR社交帝国设想的第一步。更早之前,扎克伯格宣称要将Facebook打造成元宇宙公司,并声明很快会有所动作。

扎克伯格认为Workrooms是切入元宇宙的入口,扎克伯格曾和自己的合伙人一块戴上智能穿戴设备,然后在屏幕中显示的是他们如同3D动画一样的形象,这就是数字替身。在现实世界里,扎克伯格操纵着自己的数字替身,每一句话、每一个动作,数字替身都与扎克伯格同步,于是,这个会议令人感到欣喜,也让人看到了科技的力量。

这已经不是简单的远程会议或远程办公了,而是元宇宙办公模式的初体现。Facebook表示,发布Workrooms的原因是我们的工作方式正在发生变化。越来越多的人在远程工作,选择灵活的工作方式,并且正在重新思考在办公室工作的意义。如果没有正确的连接工具,远程工作可能会非常具有挑战性。

从技术上讲,Workrooms还具有视频会议集成功能。它具有空间音频,因此佩戴者可以实时判断声音从哪个方向传来,从而可以轻松地确定谁在说话(这对于虚拟房间中有16个人时很有帮助)。

此外,最新版的Oculus Avatars也适用于Workrooms。这意味着其中的许多自定义选项都可以帮助用户创造的数字人具备与真人无异的外观。同时,空间音频可实现低对话延迟，并根据AI算法与数字人的口形、手势操控的动作相互融合，呈现出一整套极度逼真的实时互动动作。该系统适用于Mac和Windows的Oculus远程桌面配套应用程序，让用户可以通过VR一键访问整个计算机。

除了上述一些传统意义上VR办公应用没有的功能外，Facebook还充分利用了其在云方面的布局优势，用户可以同步Outlook或Google日历，以便更轻松地安排会议和发送邀请，即便是虚拟会议，也没有人愿意总是等一个爱迟到的参与者。

看到这里就不得不说，扎克伯格将自己创立的公司改名真的有其深远意义。但是，从严格意义上来说Workrooms并不是一个元宇宙的入口，反而Horizon更像是Facebook对于元宇宙平台入口的定位，而整个基于VR、AR和虚拟社交的大盘，才是真正意义上扎克伯格眼中的元宇宙。从这个出发点来看，Horizon Workrooms仅仅是这一入口的一小部分。

通过新闻报道，我们可以简单地了解到，Horizon Workrooms中员工可以使用头像创建系统（基于Facebook Horizon虚拟游戏平台构建）在3D动画工作空间中创建卡通人物，并在虚拟会议中与同事交流。这已经达到了虚拟办公的最基本的要求。

可以说，Horizon Workrooms仅仅是一切的开始。在其背后，Facebook正在将进行可以提高工作效率的实践。为了让它发挥作用，Facebook试图汇集更多工作所需的技术，并正在设计新计算平台所需的范式。

宽泛地说，Facebook的一系列操作，的确是找到了元宇宙的一个场景入口，那就是虚拟办公的场景。未来，元宇宙势必能够改变目前传统的线上的办公模式，对于职场人来说，还是值得期待的。

第06章

交通出行：虚拟体验+物理空间=任何地方

元宇宙时代的交通：改变轴辐式交通系统的利用率

元宇宙时代的交通肯定要比现在的交通环境好很多，现在交通环境是什么样？就拿大城市来说，堵车已经是常态化，每天出门前看一下电子地图，都说条条大路通罗马，但是条条大路都飘红。现在来看，怎么样才能不堵车已经成为一个城市发展的难题，本节我们就来聊一聊元宇宙时代的交通，如图6-1所示。

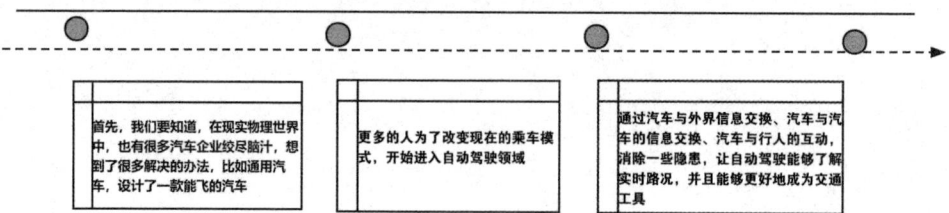

图6-1 改变轴辐式交通系统的利用率

轴辐式（Hub-and-spoke）物流网络，是一种基于大型物流枢纽中心站的集中运输系统。与传统的物流网络空间布局相比，轴辐式物流网络将物流中一个或

第 06 章
交通出行：虚拟体验+物理空间=任何地方

多个节点设立成为枢纽中心站，非中心站的节点都经过中心站彼此相连。货物先由各节点运至枢纽中心站，再根据目的站进行集中运输，这样可以降低单位运输成本，在网络干线上形成规模效应，提高资源利用率，同时产生集群效益，带动所在区域及城市的经济发展。说得再形象一点，就是一个自行车轮中间有个轴子，被称为车轴，车轮依靠车轴转动，讲的就是以车轴为中心的一种运作方式。

现在我们的交通工具是公交车、地铁、私家车、摩托车、自行车。摩托车和自行车因为占地小、行动灵活而不会成为堵车中的主力军，地铁有自己的独行轨道，也不在堵车主力军范围内；公交车也有固定路线，有的公交车，如快速公交甚至有自己的单行线，相对来说在拥堵上要比私家车好很多。私家车作为交通堵塞的主力军，似乎已经成了没有办法解决的问题。就算是为了保护环境提倡使用新能源汽车，但是，开在路上也是一样为交通堵塞添了一份"力"。

在元宇宙中，交通会是怎样的？换句话说元宇宙交通如何解决现实物理世界的交通问题？

首先，在现实物理世界中，有很多汽车企业绞尽脑汁，想了很多解决的办法，如通用汽车，设计了一款能飞的汽车。虽然汽车能够飞起来，但是天上的交通管制比地上的交通管制更严格。普通人也只能是望洋兴叹：一是这款汽车的价格十分昂贵，超过了普通人群消费水平；二是就算这款汽车真的飞上天，也要接受空中管制，是否真的能比在地上开得更快，谁都没有明确答案；三是对于不能普及的汽车来说，是没有办法从根本上解决堵车问题的。

其次，更多的人为了改变现在的乘车模式，开始进入自动驾驶领域。自动驾驶概念的出现要于元宇宙概念，可以说，世界各大车厂都在研究依靠5G网络的

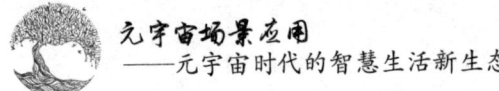

无人驾驶汽车，现在这种汽车的确已经产出，并且在5G信号充沛的环境下能够正常驾驶，测试已经完成。元宇宙的底层技术包括5G，自动驾驶汽车的底层技术也是5G，所以，自动驾驶汽车将是元宇宙时代的交通主力。

当然，有人或许觉得现在都已经有自动驾驶了，那么还需要元宇宙吗？自然是需要的。元宇宙想要构建的是一个与现实世界一模一样的网络平行世界。单从交通方面来讲，自动驾驶未来的发展与元宇宙息息相关。

最后，自动驾驶通过汽车与外界信息交换、汽车与汽车的信息交换、汽车与行人的互动，规避一些隐患，从而能够了解实时路况，更好地成为交通工具。

目前我们已经看到了一些元宇宙时代的交通端倪，自动驾驶改变的不仅是元宇宙，而且是现实物理世界。当然，自动驾驶汽车虽然已经通过测试，但目前还没有得到大规模的普及，原因除了价格昂贵之外，就是5G技术到现在还不能和4G技术一样发达而普遍。

第 06 章
交通出行：虚拟体验+物理空间=任何地方

元宇宙时代的出行：从静修和假期到自然奇观和美食

我们现在的旅行基本上都要利用假期。举个例子，西雅图和旧金山之间需要90分钟的飞行时间，纽约飞往上海需要14小时的飞行时间，本来就没多少时间的我们，还要飞上十几个小时才到。因此，很多人会选择到比较近的地方旅行，如能够90分钟到的，绝对不会选择14小时的行程。

这就是现在我们的出行，我们需要一段固定的时间，然后到一些别人推荐的地方旅行。很多人也想去南极看企鹅，去北极看极光，但是，这种享受自然景观的事情对于我们来说很多时候是可望而不可即。

在元宇宙不一样，你可以随时去往自己喜欢的地方，观看自己喜欢的景观，品尝自己喜欢的美食，可以瞬间到达在现实世界中遥不可及的地方。元宇宙中的交通基础设施和车辆的外观都会发生相应的变化。就像装饰马特图斯给肯尼亚的共享交通带来了一种疯狂一样，被元宇宙改变的世界交通将包容所有人类文化。

大家利用休息时间，就有可能从上海直接到纽约，也可能直接到南极看企鹅。元宇宙将实现一个高度网络化的未来，在这种未来中，会出现一种新的跨越交通网络的出行服务方式（即元宇宙MaaS）。

目前，想要去新疆或西藏需要坐几十个小时的火车，并且还会伴有高原反应，但在元宇宙，不仅不会有这么多不适应，而且会瞬间到达新疆，去尝一尝出了名的吐鲁番葡萄和哈密瓜；或者瞬间到达西藏，去感受一下布达拉宫的神秘与庄严，并不需要担心自己因为高原反应等引发身体不适。

我们的旅行最终会实现"说走就走"，没有任何迟疑，也不必在乎与旅行无关的事情。元宇宙改变的是我们探索这个世界的决心和方式。在未来，元宇宙会用更有效的数字替代品取代我们四处走动。

第06章
交通出行：虚拟体验+物理空间=任何地方

元宇宙下的仿真驾驶：自动驾驶车辆在交互接口并行测试

当元宇宙与数字孪生地球对应之后，自动驾驶技术发展的可能性就更多了。例如，在虚拟空间中做测试的自动驾驶能否降低高昂的硬件成本并解决最为关键的安全问题？

有人说元宇宙会降低自动驾驶成本，由此可见，很多人现在已经把元宇宙与现实物理世界混淆了。对于现实物理世界来说，基于自动驾驶概念，很多顶尖车企都在制造汽车，这是真实存在的；在元宇宙，自动驾驶更像是多人在线汽车游戏中由NPC驾驶的车辆。

元宇宙是什么？是基于5G通信科技等基础构建的与现实物理世界完全平行的世界。虽然现在我们不能确定元宇宙是否真的能够构建出来，但在构建元宇宙的过程中，技术的进步已经影响到了现实物理世界，其中包括我们所说的交通，以及我们这一节讨论的自动驾驶。自动驾驶和元宇宙不一样，自动驾驶已经从概念转化为能够让我们可以看得到、摸得到、体验得到的实物。其实，目前研发自动驾驶技术最有激情的并非车企，而是专注于L4、L5级别自动驾驶的RoboTaxi公司。它们才是在自动驾驶领域砸钱最多的公司，它们的钱除了花在了研发方面，自动驾驶的硬件成本也是一笔不容忽视的巨额开销。

从目前来看，Waymo、百度Apollo、AutoX等数家一线RoboTaxi公司都已经具

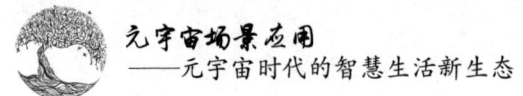

备了在无人驾驶技术上试运营的实力。对于它们而言，未来除了在技术上继续升级之外，困扰它们的更多问题是巨额的自动驾驶硬件成本。

我们大概来看一下，这个领域已经发展到了哪个阶段。以主打RoboTaxi低成本解决方案的百度Apollo为例，它旗下的测试车Apollo Moon成本仅为48万元。如果百度想要在10年内跑满180亿公里的路测数据，那么按目前平均一辆测试车一年跑5万公里来算，至少都要花费1728亿元布局36万辆测试车才能实现。这样的花费对于任何一家企业而言都是一个天文数字。

百度Apollo还是一家以主打低成本RoboTaxi解决方案的公司，如果换成以堆料著称的AutoX，那么它完成180亿公里路测所花费的成本更是高到难以想象。据业内人士推测，AutoX Gen5的成本是百度Apllo Moon的3倍以上。

如果自动驾驶技术的硬件成本得不到降低，Robo Taxi公司就无法测试车辆，带来的结果就是无法获得更多的路测数据，也就无法完成上述的180亿公里测试目标，自动驾驶的愿景便难以落地。

然而，如果RoboTaxi公司在数字孪生地球当中测试自动驾驶，它就完全可以购买虚拟的激光雷达、毫米波雷达等硬件，并不需要用实体化的测试车进行路测，这就像我们在玩"极品飞车"时并不需要真的买一台车是一个道理。

如果将自动驾驶放置于元宇宙，目前现实物理世界中的自动驾驶所遇到的问题就迎刃而解了。一方面，元宇宙诞生的初衷就是源于人类对未来科技的想象，我们可以将其看作一块用于培育未来科技产物的试验田；另一方面，既然数字孪生地球是虚拟空间，那么它自然不会给真实世界当中的人类带来生命威胁。而且数字孪生地球是一个复刻的地球，地球上的规章制度当然也会被复制到上面去。

因此，即便是在一个"假"地球上做自动驾驶技术测试，自动驾驶技术供应商也应该遵循"真"地球上的一切准则。

对于自动驾驶而言，这并不是一场游戏，而是一项将要应用在现实生活中，并且承载生命的尖端技术。但需要明确的是当元宇宙被构建出来时，自动驾驶已经具有几十年的发展与积累，或许那时候，不仅在元宇宙中，甚至是现实物理世界，都已经以自动驾驶为主。

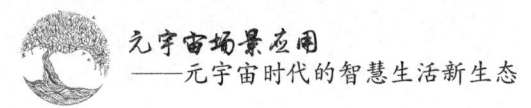

元宇宙中的交通基建：BIM技术支持下的虚拟世界基础设施建设

数字可视化技术有望改变基础设施工程领域，而这种改变包括在设计、施工、运营的每个阶段以及常规设计流程的自动化操作。这些变化将解放工程师，让他们更专注于解决问题，专注于进行更具创造性、更有弹性、更符合可持续发展原则的设计。

接下来，我们来了解一下BIM技术，BIM（Building Information Modeling）技术是一种应用于工程设计、建造、管理的数据化工具。它通过对建筑的数据化、信息化模型整合，在项目策划、运行和维护的全生命周期过程中进行共享和传递信息，使工程技术人员对各种建筑信息做出正确判断和高效应对，为设计团队以及包括建筑、运营单位在内的各方建设主体提供协同工作的基础，在提高生产效率、节约成本和缩短工期方面发挥着重要作用。

说到底，BIM技术就是一帮助实现建筑信息集成的技术。那么，在元宇宙是否也会用得到BIM技术呢？元宇宙所要构建的是一个与现实物理世界完全一样的网络平行世界，也就是说在元宇宙中需要构建与现在世界上一样的建筑，所以也是要用到BIM技术的。只不过在元宇宙上搭建建筑需要的是程序设计师通过代码搭建，而不是建筑设计师一砖一瓦的搭建。说到这里，我们也能够感觉到元宇宙自身所体现出来的特点。

一是构建好的元宇宙是一个网络虚拟的空间，所以元宇宙中的一切都不需要实物，某种程度上，构建元宇宙和构建游戏有相同的过程，其中的花草树木、建筑等都需要通过代码实现，而不是钢筋水泥。因此，在元宇宙中不需要建筑设计师。

二是在元宇宙以代码方式构建建筑是否用得上BIM呢？实际上还是用得上。确切地说，BIM和其他技术一样，是构建元宇宙的重要技术之一。只不过，在元宇宙中BIM的应用更像是区块链等技术应用，虽具有支持、支撑作用，但不会被完全体现出来。

三是BIM实际上就是数据的分析，元宇宙作为一个以大数据为中心扩散的庞大系统，数据分析是必不可缺的部分。因此，BIM在元宇宙中的应用更侧重于数据分析领域。通过精确的数据分析，让现实物理世界中的建筑呈现在元宇宙中。

我们所说的都是交通基建，就像是我们所生活的现实物理世界一样，并不是一个单独的概念，而是要有一座城市。没有城市何谈交通，所以，城市中的每一处建筑都是交通基建，现实世界中的交通基建都是经过几十年的发展积累而成的。一座城市经历20年的时间就会有天翻地覆的变化，而元宇宙想要构建出这样一个随时都有着千变万化的现实世界并不容易，这也是为什么很多人不看好元宇宙的原因，现实世界太难复制了。

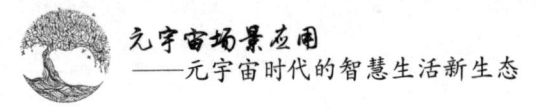

元宇宙场景应用
——元宇宙时代的智慧生活新生态

元宇宙的出行即服务：通过智能调度，整体提升公众出行满意度

出行即服务，指的是整个出行过程都能够通过服务完成，不需要自己动手做任何事情。举个例子，我们需要出差，从北京到上海，这时候我们需要先选择乘坐飞机还是乘坐高铁之后，在购票网站上购买出发日期的票。假如选择乘坐飞机，为了更顺利地到达上海，买了票，我们需要乘坐出租车、地铁或私家车等交通工具去机场，到达机场之后还要办理行李托运。虽然这个过程并不是很复杂，但需要我们亲力亲为。然而，在元宇宙的出行即服务中，我想要从北京到上海，不用费心思地去购票网站购票，也不用通过各种交通工具到达机场，更不用进行行李托运。从我决定去上海，一直在到达上海期间都是被服务的对象。

出行即服务和出行服务有什么区别？对于被服务者来说，前者除了可以让人感受到路上的服务，对于交通系统来说，也减少了在途车辆，改善了交通环境，说得直白一点，出行即服务强调的是，你的出行就是你得到的服务，需要出行的你一路上被服务，是享受过程；后者是说在出行的每个阶段能够享受服务。一个是享受过程，一个是享受服务，自然是不一样的。

在出行服务中，从购票开始一直到到达目的地，需要享受很多服务，其中也包括要下载一些应用，购票时需要应用程序，总之出行的时候享受的服务是通过自己的主动行为完成的。但是，元宇宙的出行即服务，是从准备出行的那一刻起，就享受整个出行过程，不需要额外去下载操作所谓的应用程序，更不需要提前了解上海客户方的任何信息，只需要享受过程。为什么会有这样的效果呢？因为元宇宙中交通出行资源被整合得更加合理和便捷。这一点才是元宇宙出行对传统出行的颠覆性改变。

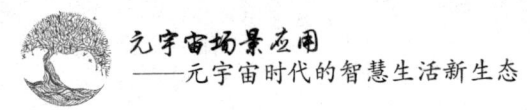

元宇宙下的交通培训与教育：飞行员和汽车驾驶培训，交通安全游戏

这一节我们聊一聊元宇宙技术对交通培训的助力和赋能。

现实物理世界中学车可是一件人生大事，很多学员被教练气坏了，同时教练也被学员气坏了。通过VR进行驾驶培训，似乎是一个不错的方法。如果是在虚拟元宇宙，驾驶员除了能够学习基础驾驶技能之外，还能够在恶劣天气下驾驶，如大雪、大雨、大雾等恶劣天气，驾驶员逐一感受，进而调整自己的状态去适应外界环境，这要比晴天学习更具有实际操作力。同时，还可以学习驾驶车辆遇到高速爆胎、刹车失灵等危险情况时的正确操作，从而提高驾驶人的安全文明驾驶意识和应急处置能力。元宇宙可以让类似的虚拟学习和培训变得更容易，体验感更生动、更直观，也更有效率。

但目前所提出的元宇宙具有的VR技术还不能支持这一点，原因在于以下方面。第一，现在的穿戴智能设备非常笨重，而且需要特定的画面。目前戴个眼镜开车都有不同于不戴眼镜开车的感觉，更不要说戴上VR设备了，这很容易让操作者感受到现实与虚拟的差别。目前技术还没有达到支持VR驾驶培训的水平，如果智能穿戴设备能够是以一副普通眼镜的形式出现，以上所述就有可能实现。第二，开车讲究的是实感，就是我们的视觉、听觉等都需要真实感受，如果是虚拟驾驶培训，以现在的技术很难达到我们对学习驾驶的要求。第三，真正驾驶汽车和参加虚拟驾驶培训时，有着截然不同的感受，何况，现在只有VR智慧驾驶模拟器，还没有真正的能够通过VR实现的驾驶培训。

不过，最近一些驾驶培训也都在通过VR技术开创更多的驾驶培训渠道和方式。比如，国内就有一家企业针对传统培训行业的痛点，将VR技术、车辆仿真技术、AI人工智能与5G网络有机结合，通过三维实景建模高仿真道路、汽车动力学特性、环境音效与视窗内信息实现毫秒级互动。通过升级改造模拟器的动感，实现俯仰、侧倾、偏航、升降、平移等多自由度来模拟车辆驾驶中的减速、加速、碰撞、侧倾、颠簸、上坡、下坡等情况，让学员更加真实地感受到危险驾驶的危害性，进而增强学员安全文明驾驶意识。

未来元宇宙下的驾驶培训会有更多的方式，而我们在元宇宙中的驾驶必将是在目前VR游戏赛车游戏基础上的提升与完善。或许到那时候，每个人都会更想参加驾驶培训，因为驾驶培训更有趣，不管到最后是否学会开车，整个过程就像是玩游戏一样令人身心愉悦。

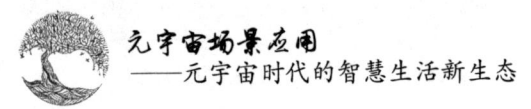

元宇宙中的数字孪生交通：交通管理、运输监管、交通设计、运输服务

道路的数字孪生是基础设施和车辆发生交互的虚拟副本。如今，数字孪生已经被用于开发和测试交通管理解决方案，而我们才刚刚开始意识到它们的潜力。

为了设计有效的交通管理解决方案，有必要对各种规模的交通从单个交叉路口到区域网络进行建模。例如，高速公路或城市的数字孪生可以实现交通流量建模以及整体交通基础设施的模拟。数字孪生提供了一种安全且经济高效的方式来试验不同的解决方案，优化它们的参数和实施选项。

新的交通通信技术为交通管理系统开辟了新的可能性，城市现在不仅可以监控交通流量，而且可以动态干预。优化交通有许多好处，包括减少与交通相关的噪声和改善道路安全。但是，如何更好地优化构成交通管理的不同参数，只能通过使用创新的软件对整个交通系统进行建模来确定，同时需要考虑基础设施和旅客的行为。

数字孪生技术其实更像是镜面技术，我们现在的交通已经进行了数字化转型，通过数字孪生技术对整个行业进行转型。但是需要明确的是，如果元宇宙真的能够构建成功，那么在交通管理、运输监管、交通设计以及运输服务等方面势必有符合元宇宙环境的新措施、新方法、新设计。

元宇宙是一个虚拟空间，监管起来比现实物理世界更难，因为在元宇宙每一个人的分身都是可以多次重生的。因此，现实世界中的交通管制可能并不适用于元宇宙。

元宇宙现在还只是一个概念，围绕元宇宙概念的技术正处在不同的发展时期，有的技术已经非常成熟（如区块链技术），有的技术也已经进入正轨（如VR技术），但是有的技术还处于初级阶段，甚至有的技术还没有出现。

不管到最后元宇宙是否能被构建出来，在构建元宇宙过程中所运用的技术，必将会推进现代社会的进步。

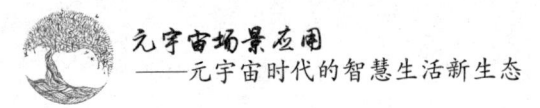

从现代汽车智慧出行看元宇宙创新交通体验

在2020年的"CEO Investor Day"活动中,现代汽车集团就发布了以顾客为中心的中长期创新规划——"2025战略",旨在积极应对日新月异的行业变化,进而主导未来移动出行产业。

现代集团计划以"智能移动出行产品"(Smart Mobility Device)及"智能移动出行服务"(Smart Mobility Service)为核心,提升各项业务竞争实力,最大限度扩大协同效应,在2025年,将跃升为全球电池电动车及氢燃料电池车市场三大汽车制造商之一,同时在平台服务业领域构筑创收基础。

作为智能移动出行解决方案供应商(Smart Mobility Solution Provider),其通过集成平台,为顾客提供畅通无阻且与众不同的私人定制服务,实际上就是从聚焦"产品+服务"向"智能移动出行解决方案供应商"转型。

现代汽车集团李元熙社长曾表示:"集团未来经营战略的核心在于:从顾客角度出发,为其提供令人满意的产品及服务。现代汽车将根据顾客的需求变化,以数字化技术为基础,努力提升个性化智能移动出行体验。为此,集团将对业务结构进行转型升级。"

虽然现代汽车集团在新闻发布过程中没有提及与元宇宙相关的词汇,但从智慧汽车、智慧交通可以看出,其完全是向着更加智能化、智慧化、数字化的方向发展。这也是汽车产业的发展趋势,前文中,我们也提到过通用汽车为了改变交通拥堵问题，除了设计出可以飞的一款凯迪拉克之外，还设计出一款自动驾驶面包车。

汽车产业从传统汽车到新能源汽车再到自动驾驶也是一步步向着更智能、更环保、更智慧的方向发展。元宇宙的提出给了汽车产业一些启发，如果元宇宙能够构建成功，我们现实物理世界中的交通也会随之改变，不管是交通工具，还是交通法规法则都会随之改变。

以"北京现代"为例，未来，"北京现代"将继续依托现代汽车在新能源、智能化、无人驾驶等智能出行领域的前瞻优势领先布局，同时深化其与百度等全球顶尖ICT企业的合作，为用户提供更加环保、互联、自由的智能移动出行服务。

第07章

体验式购物：元宇宙让商业理想照进现实

元宇宙电商:"+购物平台""+购物体验""+虚拟资产"

元宇宙绘出的蓝图是美好的,尤其是在购物这方面,在我们已经想不到如何提升购物体验时,元宇宙电商给出了新思路。但是元宇宙电商和现在的电商不一样,在元宇宙,不用搜索商品,不用视频直播带货,不用非要进入商品的二维码界面,只需要戴上VR眼镜,就可以浏览所有的产品,并且能够具有更好的体验感,如图7-1所示。

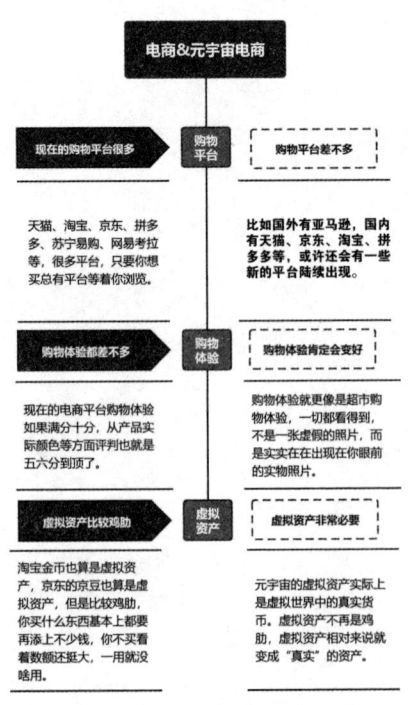

图7-1 电商&元宇宙电商

第07章

体验式购物：元宇宙让商业理想照进现实

第一，购物平台。现在的购物平台很多，我们说天猫、淘宝、京东、拼多多等，只要你想买总有平台等着你。这就是现在的购物平台，这些平台也各具特点：比如，买电子产品是不是在京东就要比淘宝更省心一点，买一些七零八碎的小东西或者服饰是不是在淘宝就会比天猫价格更划算。总之，每一个平台都具有自己的特点，我们作为消费者可以任意选择平台。

第二，购物体验。不管是上面说的哪个平台，购物体验都差不多。如果是服装鞋帽，很多时候我们买回来的都穿不了，不是大了就是小了，身材没有问题的会遇到商家尺码不正规，身材相对来说比较难买衣服的就更难买到合适的了。单从购物体验上来看，如果满分是十分，现在的电商平台购物体验，也就五分。很多时候我们买来的衣服鞋子，样式跟图片有差别，尺码跟市面正规尺码有差别，甚至连颜色都有差别。在购物平台上面的一些其他东西，如文具、玩具、厨房用具等生活用具，相对来说购物体验就会好一些，毕竟那些东西只要样式没错，基本上就没有太大问题。

第三，虚拟资产。淘宝金币算是虚拟资产，京东的京豆也算是虚拟资产，但是都比较鸡肋，你买什么东西基本上都要再添不少钱。看着数额还挺大，就像是一罐一分钱的硬币，看着挺多，实际上数一数，吃个早饭都不够，就是这样的一种体验。在电商平台的虚拟资产这方面，真的就是食之无味、弃之可惜，甚至都不如信用卡积分实惠。

以上是目前电商平台的3个特点，不过，虚拟世界和真实世界联结的大门已经打开，我们来看一下元宇宙概念下，元宇宙电商又是怎样的呢？

第一，购物平台。或许到了元宇宙中，购物平台和现在差不多，如国外有

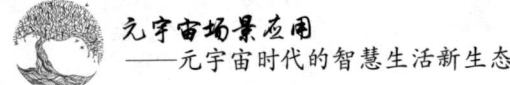

亚马逊，国内有天猫、京东、淘宝、拼多多等，或许还会有一些新的平台陆续出现。不同的是，元宇宙电商是可以随时触达的，现在消费者与电商之间的关系并不是非常密切，消费者对于电商平台是没有任何黏性的。在元宇宙，电商平台对消费者的吸引力会更大。

第二，购物体验。购物体验肯定会变好，因为元宇宙上你可以直接按照自己的身材进行购物，电商平台会出现更精确的参考数据，甚至可以根据你的身高体重去选择尺码。总之，体验就是能够让你虽然没有到店里试衣服，却已经能够买到适合自己身材的衣服。估计到时候任何产品的体验感都会提升，因为能够直接接触到产品，购物体验就更像是超市购物体验，一切都看得到，不是一张虚假的照片，而是实实在在出现在你眼前的实物。

第三，虚拟资产。元宇宙的虚拟资产实际上就是你在虚拟世界中的真实货币，这时候虚拟资产不再是鸡肋，而是与我们在现实物理世界用的钱是一个概念。因此，虚拟资产相对来说就会变成"真实"的资产。

从电商购物方面来看，我们还是很期待元宇宙，毕竟现实世界中电商购物的陷阱太多了，躲不过去就很麻烦。元宇宙则可以通过技术直接让我们避开各种陷阱，买到相对更加心仪的商品。

第 07 章
体验式购物：元宇宙让商业理想照进现实

元宇宙的无货源模式网店

无货源模式网店对于手里没有资金但是想要挣钱的年轻人来说，是一个不错的选择。现在的无货源模式网店其实也很简单，如假设开网店的你是甲，来网店购物的消费者是乙，你卖出货但是没有货，你需要让有货的丙出货。最后这一场网店交易所涉及的就是甲、乙、丙三方，甲方挣的就是一个差价，如图7-2所示。

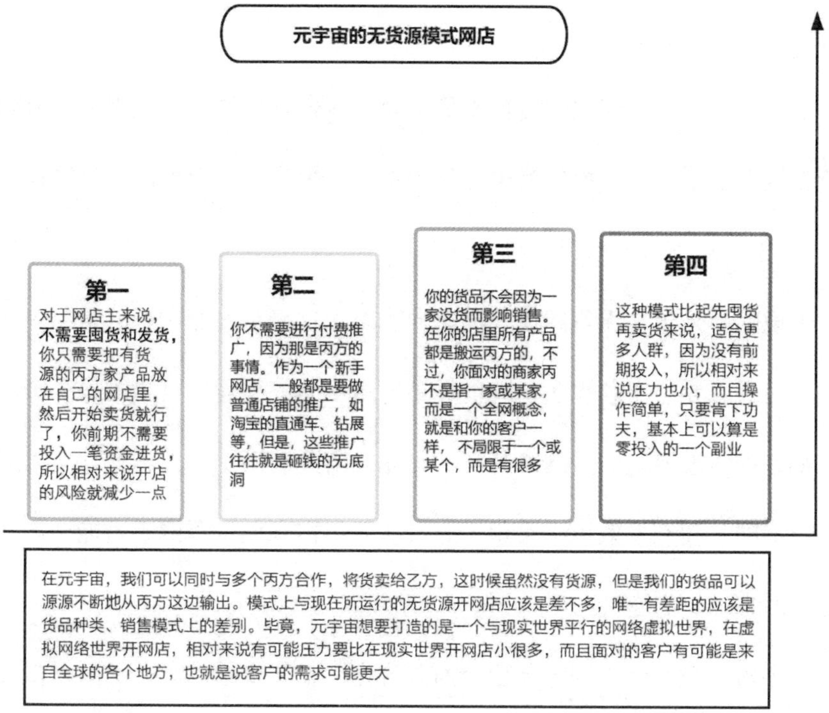

元宇宙的无货源模式网店

第一
对于网店主来说，**不需要囤货和发货**，你只需要把有货源的丙方家产品放在自己的网店里，然后开始卖货就行了，你前期不需要投入一笔资金进货，所以相对来说开店的风险就减少一点

第二
你不需要进行付费推广，因为那是丙方的事情。作为一个新手网店，一般都是要做普通店铺的推广，如淘宝的直通车、钻展等，但是，这些推广往往就是砸钱的无底洞

第三
你的货品不会因为一家没货而影响销售。在你的店里所有产品都是搬运丙方的，不过，你面对的商家丙不是指一家或某家，而是一个全网概念，就是和你的客户一样，不局限于一个或某个，而是有很多

第四
这种模式比起先囤货再卖货来说，适合更多人群，因为没有前期投入，所以相对来说压力也小，而且操作简单，只要肯下功夫，基本上可以算是零投入的一个副业

在元宇宙，我们可以同时与多个丙方合作，将货卖给乙方，这时候虽然没有货源，但是我们的货品可以源源不断地从丙方这边输出。模式上与现在所运行的无货源开网店应该是差不多，唯一有差距的应该是货品种类、销售模式上的差别。毕竟，元宇宙想要打造的是一个与现实世界平行的网络虚拟世界，在虚拟网络世界开网店，相对来说有可能压力要比在现实世界开店小很多，而且面对的客户有可能是来自全球的各个地方，也就是说客户的需求可能更大

图7-2 元宇宙的无货源模式网店

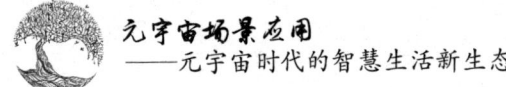

那么，无货源模式网店有什么优势呢？

第一，对于网店店主来说，不需要囤货和发货，你只需要把有货源的丙方的产品放在自己的网店里，然后开始卖货就行了，你前期不需要投入一笔资金进货，所以相对来说开店的风险就减少一点。

第二，你不需要进行付费推广，因为那是丙方的事情。作为一个新手网店，要做店铺的推广，往往就是砸钱的无底洞，做得好，对网店的推广起到非常大的作用；做得不好，基本就属于竹篮打水一场空。

第三，你的货品不会因为一家没货而影响销售。在你的店里所有产品都是搬运丙方的，你面对的商家丙不是指一家或某家，而是全网，和你的客户一样，不局限于一个或某个。这家没有了，可以去找另外一家，谁家有货就卖谁家的，不会出现缺货、断货的情况。

第四，这种模式比起先囤货再卖货来说，适合更多的人群，因为没有前期投入，所以压力也小，而且操作简单，只要肯下功夫，基本上可以算是零投入的一个副业。

以上说的就是现在无货源模式网店的优势，这一节我们讨论的是元宇宙的无货源模式网店。元宇宙和现实物理世界最大的不同就是元宇宙上的每一个原住民实际上都是现实世界人们的网络分身，在元宇宙开网店实际上和在现实世界开网店也并无不同。我们发散思维去想一想，在元宇宙开无货源网店可能会涉及更多的乙方和丙方。

在元宇宙，我们可以同时与多个丙方合作，将货卖给乙方，这时候虽然没有货源，但是我们的货品可以源源不断地从丙方输出。模式上与现在所运行的无货源开网店差不多,有的应该是货品种类和销售模式上的差别。毕竟,元宇宙想要打造的是一个与现实世界平行的网络虚拟世界,在虚拟网络世界开网店,有可能比在现实世界开网店压力要小很多,而且面对的客户有可能是来自全球的各个地方,也就是说市场需求可能更大。

总之,无货源开网店即便是在元宇宙,也会和现在是一样的经营模式。对于甲来说,没有货源的网店赚的是一个差价,会比有货源的丙卖得相对来说贵一点。在网络购物中货比三家,甚至是货比三十家的前提下,是否能更好地经营甲方的网店销售?或许,在未来将构建出来的元宇宙中,会给出更确切的答案。

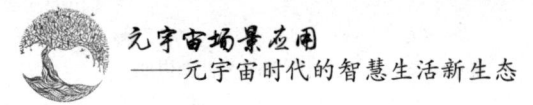

元宇宙中游戏化的购物方式

对身处现实物理世界的我们来说，不管是传统的线下购物还是线上购物，购物就是购物，和游戏扯不上关系，而未来，在元宇宙可能就会出现游戏化的购物方式。

我们先来看看现在的购物方式有哪些。

第一类，传统店铺购物，这是一个已经有着上千年历史的购物模式。如果是在大型商场，就按照标价购买商品；如果是在批发市场或者是小店就可以在报价上与店家讨价还价，最终以一个自己觉得合适的价格购买商品。

第二类，网络购物，在20年前，网络购物就像是现在我们讨论元宇宙一样，面对着很多看似无法实现的难题，如快递。然而，这个购物模式经过时间的检验，成了现在人们主要的购物模式。首先，网络购物从价格上就要比线下实体店便宜很多；其次，在价格便宜很多的基础上还可以与商家讨价还价；最后，足不出户就可以买到自己想要的商品。正是因为这样的便宜、便捷，所以网络购物模式已经成为大多数人的主要购物模式。

在元宇宙出现之后，将出现第三类购物模式，那就是游戏化购物模式。

根据字面意思，游戏化购物模式就是以游戏的方式购物，这就像我们玩一款游戏，且在游戏中需要购买商品。但是，元宇宙的游戏化购物方式，应该是通过游戏化方式进行购物，购物就像是进入游戏一样。

目前元宇宙还只是一个概念，并没有构建出更具体的模型，也没有给出更多的可行性方案。甚至这些概念听起来都不可思议，就像是购物如何融入游戏化，元宇宙购物是不是就是一个集购物、交友、游戏于一体的购物新方式呢？

随着电子商务的发展壮大，消费者选择网购已经成为习惯，但是在网购过程中也没有太多惊喜。如果想要消费者感受不一样的网购就要创造出新的购物模式和购物体验，如在购物中娱乐、在娱乐中收获这样的一种消费者体验。

在元宇宙，如果每一个商家都将游戏元素融入进去，使用户通过各类游戏方式增加购物时的乐趣与刺激。虚拟的世界与游戏本身就有着千丝万缕的关系，而用户置身于其中进行购物，更像是自己游走在游戏中购物。这种游戏化的购物，可能会提升消费者的购物体验。

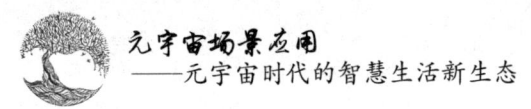

戴着VR眼镜浏览商品和体验购物

VR最大的应用是在游戏方面,这一点我们都深有体会。在戴上VR之后,就会置身于一个奇特的世界中。比如,我们玩一款冒险游戏,在一个安全没有障碍物的房间里,戴上VR之后,你就会进入另外一种环境,这个环境可能有悬崖峭壁,或者让你站在高楼之上。

VR游戏就是给人以视觉上的刺激,而且VR并不是一个新鲜事物,早在几年前,某个大型娱乐场馆中就有VR过山车。明明在室内只有两米高的过山车,因为戴上VR,你却看到自己在一座大都市的上空,或者是进入云端俯瞰下面的草原。你的视觉传递给身体的是你在几十米甚至几百米的高空,但实际上你可能离地只有两米高。

那么,VR是如何作用于浏览商品和体验购物呢?

现在我们在网上购物看到的是照片或视频,我们通过照片和视频了解产品。我们会发现全网的照片和视频几乎差不多,从那些模特身上无法看到真实的效果。

这时候VR就要派上用场了,虽然不在眼前,不能直接触摸到商品,但戴上VR的消费者就好像置身于线下的店铺,每一款产品就在自己的眼前。现在的技术能够通过手柄更仔细地了解产品的细节,每一款产品不再是图片或者视频,而是一个实物摆在消费者的面前。这就是VR带给消费者的体验,虽然在虚拟的空间摆放着，却能够感受到产品就近在咫尺。

通过VR还可以进行试穿体验，这就和游戏一样，有一种沉浸感在里面。商家通过VR进行了产品360°展示、通过手柄体验拿取产品、个性化产品搭配、根据自身三围试穿体验……商家引入VR技术的初衷，正是为了满足不同消费者的个性化需求。而这种能够给消费者带来不同的购物体验，也将成为更多商家选择的销售方式。

简单来说，VR实际上是将线下购物体验与线上购物体验相结合的一种方式，既能给消费者增加消费体验，又能提升消费沉浸感。不过需要注意的是，每个人由于长时间穿戴智能设备，在摘下VR之后，会出现一种恍惚感，不知道自己置身的环境是真实的还是虚拟的。

在通过VR享受了购物体验之后，却并没有决定购物，是因为消费者会认为刚才看到的一切只是游戏，而并非真实的购物场景。因此，VR提升的只有购物体验，并没有对购物决策起到任何推动作用。如果在元宇宙中，可能就是体验与决策并行。这也是商家所面临的问题：提升了消费者购物体验却没有给自己带来实际销售额。

以AR/VR打造全新的沉浸式购物体验

沉浸式购物体验是非常吸引消费者的，这一节，我们以一家电商平台为例进行讲述。京东是国内比较大的电商平台之一，一直以科技为先的京东在打造全新的VR/AR沉浸式购物体验方面，也是投入颇多。

首先，从内容上看，京东的VR/AR战略四大板块可以拆分为VR、AR、社交、技术、产业联盟5个方向。

我们了解到，京东目前的演示聚焦在3C、家电等领域，率先开放了电子消费卖场。用户能够在这个卖场中体验到线下购物的真实感，通过VR的控制器可以拿起选中的商品，360°地查看；用户能体验到甚至是线下购物也无法提供的丰富信息，例如，他们可以探查产品内部的结构，详细了解产品的功能特性。据京东透露，在实际应用中，用户可以通过手势、声音等多种形式完成支付，从而在VR环境下实现完整的购物过程。

由此可见，打造VR购物体验，已经是商家们心照不宣的行业发展趋势。对消费者来说，未来的网上购物也能够更好地了解商品细节。

除了打造VR购物体验外，京东在AR领域同样也有所布局。通过AR购物应用，用户可以在真实的环境下"看到"虚拟物品，如沙发的摆放位置、墙纸的颜色等；用户通过语音可以远程与设计师进行实时对话，设计师甚至也会出现在画面中，直接帮助用户设计室内的布局。

在京东的演示中，不管是上述全沉浸式的VR购物，还是应用于家装电商以及仓储物流管理方面的AR技术，都离不开社交这一功能，从现场的演示视频中来看，用户在VR以及AR购物环境中，可以直接在场景中看到虚拟的卖家，并与之进行沟通。除了与卖家沟通之外，用户还能够在虚拟的场景中使用类似于微信或是旺旺之类的通信软件与好友联络，并且分享自己的购物体验过程。

其次，京东的VR/AR战略中也提到了"制定建模工具，提供技术支撑"这一点。有了容易操作的"傻瓜式"建模工具，产品制造商以及广大卖家就能够轻松地为自己的商品构建3D模型，并将其上传到VR购物应用之中。虽然京东方面并没有讲述该建模工具的更多细节，不过京东曾在手机App上推出了虚拟试衣功能，能够通过识别用户上传的衣服照片进而生成简单的3D模型。

所谓的产业推进联盟，说白了就是让VR/AR产业能够卖出更多的货，而作为国内最大的3C类产品销售平台，京东在线上销售渠道上的地位是不言而喻的。各家公司的新产品在正式上市前基本都会先在京东的众筹上面做个测试，而其产品正式上市的时候，京东也往往会被选为线上首发平台。

最后，VR体验而非VR购物。作为国内比较大的电商平台，京东认为目前谈VR购物为时过早，现在也只能说是VR体验。毕竟现在VR设备方也就那么几家，如HTC Vive、Oculus Rift、三星Gear VR等，这些设备不是价格昂贵，就是对PC主机要求高，而且定位较差，屏幕颗粒感强烈。所以，在VR、AR硬件还没有普及前，就谈VR购物，一切都还太早。现在我们谈的只能是VR体验，这不是全部消费者都能够参与进来的，当全部消费者都能够参与进来的时候，那一定是在元宇宙。

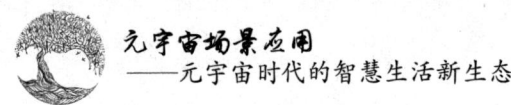

对于VR购物何时才会真正到来，看的不是商家的态度，而是硬件设备的发展。目前多数企业都在等待硬件的进步，如谷歌Tango项目的发布和相关产品上市，会让AR的手机变成标配，这样才能加快VR购物的推进。

云上数字展会：赋予企业新能力

在人员不能聚集的时候，怎么开好一个展会呢？最好的方式就是云上开展。云是网络、互联网的一种比喻说法，不管你在何时何地，都能享受云计算提供的服务。

云分为私有云、公有云、混合云及行业云等。云上会展，是通过使用数字化手段辅助业务与交易决策。通过云技术，为客户提供全域智能营销、智能商机匹配等一系列的企业支持服务，创造新的业务增量。

云上会展需要的是技术，技术场景化是一个必要的条件。通过技术助力、数字基础设施建设以及数字技术应用，最终提供领先的系统性数字化解决方案。这就是展会服务企业的数字化转型，也就是我们所说的云上展会的本质。

在一切都在数字化转型的前提下，展会也可在线上开展，实际上很多人在这两年也都已经适应了线上、云上的方式，因为不能大规模聚集，所以大家都是通过线上方式参加一些会议、论坛、会展等。虽然云上的方式已经在普及中，但如何做得更好，能够让消费者感受到云展会的魅力，还需要在技术上下功夫。

这就需要企业发挥在人工智能、云计算、大数据技术等领域的优势，为境内外参展企业与观众创造身临其境的展示与交易体验。

要知道云上会展并不是会展全面线上化，而是线上、线下深度融合，云计算、大数据、5G、人工智能等高新技术又为云会展及贸易企业赋予了新的能力。原来我们说线上会展和线下会展是一个选择题，以前一些商家参加线下展会是必需的，但是目前参加线上展会是必需的。

在行业的一些报告中，我们也能看到一些成绩，如在中国会展经济研究会发布的《关于会展业应对新冠疫情的调研报告》中就显示：2020年受疫情影响，境内展会开展了近3500场，涉及展出面积5000万平方米，产值2000亿元以上，出境展会受影响程度更为严重。在这样的背景下，云展会与互联网结合，进而向数字化转型。展会是变化相对缓慢的领域，同时也是受疫情影响相对严重的领域。

受到影响难道就放弃吗？放弃的话对于企业、对于行业来说都是一种经济损失，所以会展企业需要另寻他路。在疫情防控不能松懈的前提下，我国已经有多场重要的会展确定在线上举办：广交会、第四届世界智能大会、第十九届中国互联网大会、第102届全国糖酒商品交易会等。从确定线上举办到公布技术服务商，再到参展商筹备，最后到正式开幕，这些特殊的线上展会一直备受关注，它们不仅关乎外贸行业的信心和订单，也关乎会展形式的数字化探索。

云上展会让更多的行业复兴，让更多的企业能够减少损失，让更多的采购商能够看到产品。通过由线下到线上的转变，时间和空间不再是影响展会的因素，一场展会迎来的不只是国内的采购商。大家都在线上观看展会，即便有时差，但因为线上展会是24小时的，服务全球各地的供应商也能够在任意时间段观看。同时，通过直播、线上视频和及时通信等商贸洽谈方式，大大减少了沟通成本。这就是云上展会，即便不能到现场却也能够目击到现场的真实情况。

天猫3D购物空间，让你体验"云逛街"

3D购物空间其实和3D游戏一样，相比2D的图片、视频来说，更具立体感。在2021年天猫双11启动前，天猫上线了一座"虚拟现实"的3D版天猫家装城，商家可在元宇宙中搭建属于自己的3D购物空间，为消费者提供沉浸式的"云逛街"体验。

前文提到，通过VR能够提升购物体验，但是，目前VR并未得到普及，还不能做到多人拥有。天猫不需要VR设备，通过3D店铺装修，就能给消费者带来一种立体感。

我们玩游戏的时候，尤其是沙盒游戏，都是3D画质，每一个建筑都是立体的，每一个人物也是立体的，这样容易给玩家带来沉浸感。那么店铺被装修成3D是什么样的体验呢？

先来说一下现在的天猫店铺，店铺最重要的就是看起来舒服不凌乱，体验好不会让人觉得烦躁，这就需要从颜色、图片、视频、文字介绍上面下功夫，消费者最终选择商品实际上也取决于这几个方面。

现在有3D版了，就好像是我们看电影，可以看2D的电影，也可以看3D的电影，2D电影沉浸感不会太强，但是，只要电影内容好，也是非常吸引人的。3D电影沉浸感比较强，有时候整个3D技术会让人忽略掉内容本身。这是3D的优势，在天猫家装城，商家可以免费试用1.0版本，商家可以像是在我的世界一样给自己的店铺建模，然后在天猫商城发布。这里面所用到的实际上就是AI算法技术，说到底就是技术支持起到了重要作用。对于商家来说，怎么才能让产品看起来更加立体呢？其实很简单，商家只需要多拍几张商品实物图，AI就能自动生成高清货品模型，这让建模变得更简单。

消费者可在淘宝App搜索"天猫家装城"进入体验。在3D样板间内，消费者可以查看家居商品整体搭配的效果，"站在"任意3D购物空间内，可以360°查看商品的款式和细节；同时，3D购物空间也支持消费者自己动手搭配，就像游戏一样，可以布置自己心目中理想的家。

以前选购产品就是靠自己的想象，如购买沙发，都会通过看产品掂量一下，沙发选择什么颜色？应该放在哪里？选择这个沙发还是那个沙发？具体判断全靠想象。自己家的客厅是什么风格？哪个颜色更好看？要知道，有时候适合一个客厅的沙发可能有很多种，对于购物者来说这才是最难选的，尤其是价格上没有非常大的差距的情况下。

现在不用闭眼睛想象，只需要看就可以了，3D场景会把沙发放在一个与自己家格局、装饰、风格相似的场景中，只需要看看哪个沙发放进去的效果更好就可以了。在某种程度上，节省了购物时间，也提升了购物满意度。

经过一年多的运营，天猫目前已经有超过3000家品牌发了20余万套3D购物空间，建模商品量超过7万个，其中像顾家、林氏木业、吱音、熙和等家装大牌以及设计师品牌也正在积极参与3D建设，仅林氏木业家具旗舰店单店就设计了数千套3D样板间和超过1000个3D模型。

但是，像是一些家用大件物品，很多人还是喜欢去实体店，为什么呢？因为能够更立体地感受商品的真实性，尤其是从颜色上，网络购物可能是有色差的，所以只有实物才能够消除消费者对商品的一些疑问。在疫情期间，很多家装市场都不开门，于是人们通过3D的方式，在网上完成在线下家装市场的购物流程。然而，因为网上购物不能更加立体地看到商品的应用，所以买回家的商品满意度是非常低的，这一点既不能责怪商家，更不能责怪消费者。

消费者根据图片脑补出来的和真正摆放在家里的效果是有差别的，因此，3D应该解决的是商家和消费者之间最根本的矛盾，即"你卖的和我看到的不一样"，这个问题一旦解决，购物满意度就会直线上升。

从3D家装城运营一年多的实际效果来看，3D对线上成交转化率和客单价提升效果显著。天猫在2021年"6·18"期间，开通3D设计服务商家的客单价，和未开通前相比，提升率平均达200%，引导的转化率平均值为70%。此外，商品退换货率明显降低。

从移动互联网、新零售，再到最新的元宇宙概念，天猫一直努力于用新技术助力家装企业开辟新渠道、新增量。元宇宙概念的出现，对于未来网络购物，会起到更大的作用。作为一家国内比较大型的电商平台，天猫依托元宇宙或许会给更多的网购消费者带来更多的惊喜。

第08章

智慧养老：元宇宙时代的老年人生活学习场景

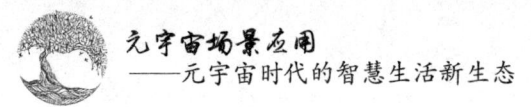

元宇宙将成为老年人重要的生活学习场景

我国从1999年开始进入人口老龄化社会，截至2020年底，全国60岁以上老年人口达到2.55亿，占总人口比重约17.8%；高龄老年人增加到2900万人，独居和空巢老年人增加到1.18亿人，老年抚养比将提高到28%；2050年前后，我国老年人口数将达到峰值4.87亿，占总人口的34.9%。相关专家表示，老龄化的速度之快、规模之大，前所未有，老龄化进程与家庭小型化、空巢化相伴随，与经济社会转型期的矛盾相交织，社会养老保障和养老服务的需求将急剧增加。

随着老龄化进程的不断加速，20世纪六七十年代出生的一代逐步进入老年人行列，退休后的孤独、寂寞是其最大的痛点，如何快乐地度过自己的老年生活成为一个比较深奥的课题，未来元宇宙打造的个性化自由空间或许会为老年人的退休生活带来新的篇章。

之前自媒体的一些文章引发大家的讨论，我们大概来了解一下内容。

华西口腔医院正式取消现场挂号，全部改成手机预约制。各大医院挂号台上写着："我院实行全预约挂号，不进行现场挂号，请关注我院官方微信服务号预约挂号。"这让现场的李爷爷情绪激动，大声喊："你们不能把老年人拒之门外呀！"

这个现象也不是一天两天了，尤其是在离了手机就无法出行的当下，很多老年人因为不会用智能手机，感觉自己被这个时代遗弃了。

第 08 章

智慧养老：元宇宙时代的老年人生活学习场景

元宇宙将成为老年人重要的生活学习场景，这里所指的老年人并不是现在的老年人，而是"70后""80后"甚至是"90后"老了之后的那群人，不过元宇宙现在只是提出了一个概念。每一个概念提出之后，都会有长期的验证概念和实现概念的过程。以区块链为例，从区块链概念提出到现在已经有15年的时间了；以互联网为例，从互联网概念提出到互联网真正应用于人们的生活，整整用了30年的时间。

也就是说，保守估计，元宇宙从现在的概念阶段发展成构建出元宇宙，要15年到30年的时间，甚至更久。所以，这里面的"老年人"并不是指"50后""60后"的老年人，而是"70后""80后"。

从目前来看，虽然也在说智慧养老，但是我们看到的养老院还是用传统的照料方式，并没有智慧化。现在，已经走在智慧养老路上，实现智慧养老也只是时间问题。

也有的平台说现在的中老年人正在成为游戏框架元宇宙的消费主力军，但事实并非如此，不管是从逻辑上还是情感上来说，现在的中老年人并非消费主力军。第一，对于老年人来说，智能手机是一道难以跨过的坎，如果没有儿女在身边，老年人大都感觉寸步难行，能够买得起最贵的智能手机，却没办法通过智能手机买飞机票，这就是一个事实。在这样的一个事实面前，老年人无法成为元宇宙的消费主力军。

第二，元宇宙是什么？对于年轻人来说都不是很清楚，老年人会清楚吗？这个概念就好比老年人问我们"你们知道上山下乡吗"，我们或许知道一点儿，毕竟是已经过去的历史，每个年代都烙印着属于那个年代的符号，不要动不动就把

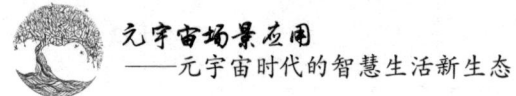

老年人推到时代的前沿，站在时代前沿的永远都是正当年的那一批人。

第三，游戏。有多少老年人会对这个感兴趣？根据显示，2016年中老年人的游戏玩家数量为4 000万人，到了2019年增加到5 100万人。根据一些视频，一到半夜，大批"40后"、"50后"开始登录王者荣耀，这是怎么回事？因为他们的孙辈在过了点之后就不能用自己未成年的身份登录游戏了，而父母管得非常严格，只能寻求隔辈疼他们的祖父母或外祖父母的帮助。

综上所述，这里所提及的中老年人，主要侧重于年龄在45岁和35岁之间的青年人。因为他们本身对于智慧化、智能化、数字化等有着相对较深的了解，更愿意接受新事物。当这一批人成为老年人时，元宇宙才有可能从概念上升级成实体。

接下来，我们就说一说在元宇宙学习和生活的重要场景。这个就比较容易理解，现在的养老院大都采用的是传统照料方式，如果进入元宇宙时代，照料方式、娱乐方式就会多种多样。比如，通过元宇宙所具备的技术进行学习、生活、娱乐，现在养老院聘请老师为大家教授知识，之后可能直接通过VR，老年人就可以自主学习。

其实，元宇宙应用于养老这一领域，主要是借用元宇宙的支撑技术。当元宇宙真的构建出来之后，老年人可能就会以更加年轻的身份在元宇宙生活。如果我们怀念或是对已经过去的岁月有所遗憾，没关系，在元宇宙通过你的虚拟分身，用自己想要的方式过一次自己想要的生活。在不同的场景中，感受更多样的人生。

当然了，对于现在和未来，养老一直是一个很大的难题，随着观念的进步，养老慢慢地不再拘泥于家庭这个小团体。通过元宇宙，大家可以更好地给自己规划养老生活，通过更多的技术手段，丰富老年生活。

元宇宙时代老年人的数字世界新体验

咱们就"元宇宙+养老"的话题,来聊聊数字世界的养老新生活。

我们可以通过场景应用来畅想,这样更有利于大家理解和想象,或许,这就是你想要的养老生活,如图8-1所示。

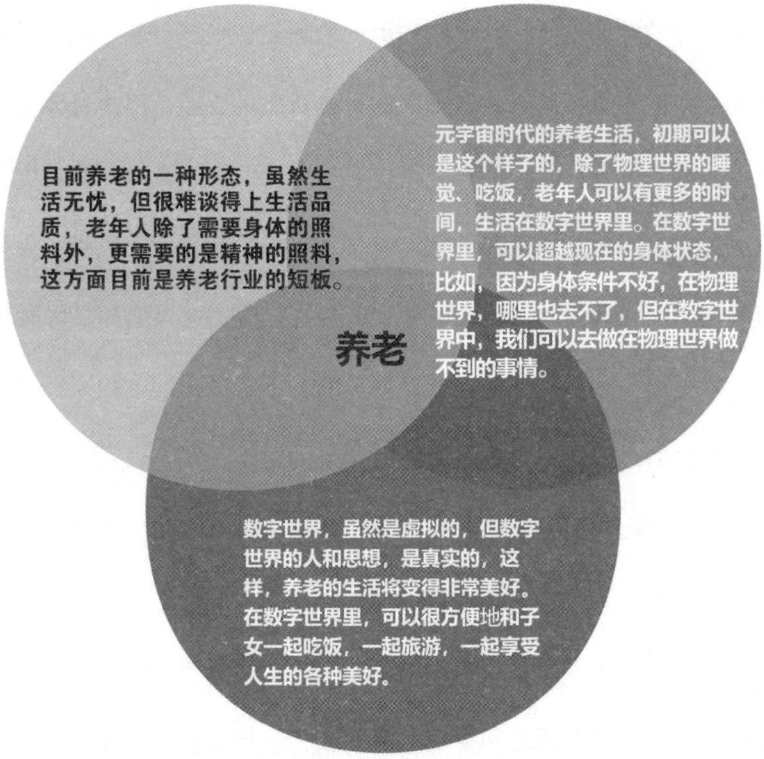

目前养老的一种形态,虽然生活无忧,但很难谈得上生活品质,老年人除了需要身体的照料外,更需要的是精神的照料,这方面目前是养老行业的短板。

元宇宙时代的养老生活,初期可以是这个样子的,除了物理世界的睡觉、吃饭,老年人可以有更多的时间,生活在数字世界里。在数字世界里,可以超越现在的身体状态,比如,因为身体条件不好,在物理世界,哪里也去不了,但在数字世界中,我们可以去做在物理世界做不到的事情。

养老

数字世界,虽然是虚拟的,但数字世界的人和思想,是真实的,这样,养老的生活将变得非常美好。在数字世界里,可以很方便地和子女一起吃饭,一起旅游,一起享受人生的各种美好。

图8-1 元宇宙时代的养老生活

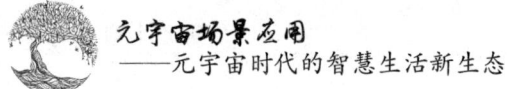

中健联康养研究院的研究显示,我国养老行业的硬件设施越来越好,软件服务却跟不上硬件设施的发展。有一次他们在湖北某市调研,在福利院里,看到硬件设施非常好,但入住的老年人,眼神迷离地坐在床上,墙上的电视一直开着,老年人也没有看电视,有人过来,也只是缓缓抬了一下头,然后接着开始发呆。因为福利院的设施非常好,老年人不会冻着,每一餐也都能吃好,这是目前养老的一种形态。虽然生活无忧,但很难谈得上生活品质,老年人除了身体的照料外,更需要的是精神上的照料,这方面目前是养老行业的短板。我国尚处在养老行业发展的初期,先发展硬件和基本服务,再发展品质养老服务。

元宇宙时代的养老生活,除了物理世界的睡觉、吃饭,老年人可以有更多的时间生活在数字世界里,可以超越现在的身体状态。比如,因为身体条件不好,在物理世界,哪里也去不了;但在数字世界中,我们可以去做在物理世界做不到的事情。比如,去当年知青下乡的地方看看,再去看看喜欢的风景名胜区,与另一个城市的老朋友一起喝酒、吃饭、聊天,这些在数字世界里都可以实现。

在数字世界里,和你一起回忆曾经岁月的,不是虚拟的电脑人,而是真正曾经和你在一起生活过的人。只不过,随着年龄的增长,在物理世界里,身体条件已经不允许你们一起吃饭、喝酒、聊天了,在数字世界里却可以实现。这样,养老的生活将变得非常美好,老年人再也不用坐在养老院的房间里发呆和毫无意义地度过生命最后的时光,而是可以做很多的事情,让养老生活变得美好而丰富。在数字世界里,可以很方便地和子女一起吃饭,一起旅游,一起享受人生的各种美好。

上面的场景应用是元宇宙初期的养老生活,随着元宇宙的发展和技术的成熟，未来可能不再存在养老生活。因为在那个时候，人在数字世界里，或许不会死亡。换句话说，在数字世界里，人会永生。像我们将世界分成物理世界和数字世界一样，将人分为物理和思想两个部分，即身体部分，包括所有的器官等，都是物理部分；人的意识，包括大脑等，是思想部分。在元宇宙的高级阶段，物理的身体部分，衰老了都可以再造、更换，通过维修和更换的方式来保持身体的机能，甚至我们可以再造一个全新的身体，再将人的意识、思想等通过技术移植到这个新的身体里，从而拥有新的身体，在某种意义上，实现永生。这个时候，就再也不用担心养老的问题了。

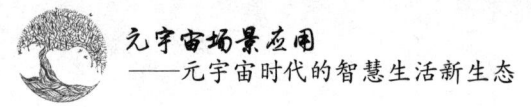

元宇宙场景应用
——元宇宙时代的智慧生活新生态

未来老年健康生活的元宇宙世界之畅想

老年人的生活需要更加健康,也需要更加有意义,人到老年会有很多与中年和青年时期不同的人生感受和感悟。下面主要来探讨一下未来老年人健康生活的话题。

第一,缓解孤独感。老年人最大的感受应该就是孤独,因为儿女正是处于上有老下有小压力最大的时候,除了每天上班之外还要抚养孩子,孩子是这时期家庭的重点,所以对于老年人可能会存在一些忽视。这时已经退休的老年人,就会有强烈的孤独感。

大家要知道老年人的社交是缺失的,最大的社交可能就是一起下棋、一起跳广场舞,这些短暂的社交之后,老年人便独自感受孤独。孤独其实会提高老年人患阿尔茨海默病的概率,所以,不能让老年人长期处于孤独感中。然而,儿女们这时期肯定也不可能拿出足够的时间来给予父母足够的陪伴,VR技术的实现却能够很好地解决这一问题。比如,有一款名为Alcove的社交软件,可以在解决社交空间距离问题的同时让老年人获得线下社交所带来的真实感,完美地解决了行动不便及出行成本等问题,沉浸式的交流、交互式体验能给予老年人极大的满足感。正所谓"笑一笑十年少,愁一愁白了头",良好的心态也是长寿的必备要素之一。

第二,沉浸式生活改变老年生活。老年生活的特点,在我们的印象中可能就

第08章

智慧养老：元宇宙时代的老年人生活学习场景

是下棋、晒太阳、跳广场舞，对我们来说，老年人的生活似乎已经没有更多的可选择的方式。有些身体强健的老年人还会选择做社区志愿者，平时给自己找个事儿，主要是让自己有一种融入社会、没有被社会抛弃的感觉。因此，沉浸式生活对于老人来说也是非常重要的。

老年人也喜欢接触一些新鲜事物，如我们说的游戏，尤其是在我们这一代人老了之后，可能会选择更加具备科技感的老年生活。不再是下棋、晒太阳、跳广场舞，而是找到更多的生活方式。现在有一些老年人出去散心和旅游，不敢去人多的地方，也不敢去太远的地方，因为老年人的身体有时候就是说不准会在什么情况下生病，所以去旅行都是选择比较近的地方。

如果通过VR和AI就可以体验时空穿越，今天去南极，明天去北极，除了能够看到自己想要看到的自然奇景，也能够参与一些老年人不能参与的游戏项目。比如，我们在一些大型的游乐园，很多项目是不向60岁以上的老年人开放的。这时候，通过VR和AI，老年人可以尝试自己在实际生活中没有办法尝试的娱乐项目。比如，区块链驱动的虚拟世界Decentraland，用户可以创建、体验或在平台上发布丰富的交互式3D内容。Decentraland打造的第一款为全球诸多品牌所建立的线上购物中心，使人们尤其是行动不便的老年人可以在足不出户的情况下与线上好友一同进行全方位沉浸式的购物体验，特别是虚拟试衣间让老年人可以更轻松自如地选购衣服。

第三，辅助学习和工作。老年人不是不想学习，只是年纪大了眼睛也不好使了，记忆力也开始下降，导致老年人学习的进度就会比较慢，甚至有些吃力。在元宇宙的技术支持下，虚拟世界的学习、上网功能或许可以激发老年人学习的欲望。

有研究表明，当VR技术辅助学习时会使人的认知过程更加具象化，可以使其更好地加深记忆。因此，如果令老年人沉浸在虚拟世界中，其获得空间记忆远比阅读记忆更加牢靠，而且逼真的环境给予大脑的舒适度会大大提高老年人获取信息时的专注度。因此，当老年人通过VR设备进行辅助学习时，学习效率远远高于传统模式的学习方法。老年人丰富的人生阅历和专业经验可以在虚拟世界中得到充分展现并发挥作用，如著书立说、教书育人、科技咨询等工作也可以产生经济效益。

综上所述，老年人只要有了更丰富的生活就会忽略自己的孤独感，那么，元宇宙必将给老年人带来更多的休闲方式。具有功能层面的元宇宙可以被看作一个体量巨大的平台，相当于平台化创新，在虚拟世界可以为老龄群体提供全面的服务。结合我国人口老龄化趋势，建立一个全面包容、多元共享、智能创新的老龄社会将是积极应对人口老龄化的必由之路。

我们相信元宇宙会在构建全面包容、多元共享、智能创新的老龄社会中发挥重要的作用，我们也相信元宇宙会像互联网一样走向成熟，再一次改变这个世界。

第08章
智慧养老：元宇宙时代的老年人生活学习场景

在元宇宙虚拟世界中远程监控老年人生活

说到监控，是不是觉得有点儿不自在？事实并非如此，我们在新闻里看到过一些老年人因为跟子女分住在不同的城市，在离世几天之后才被邻居发现：一方面老年人走的时候都想见到儿女一面，肯定是心里存着遗憾；另一方面，作为儿女可能没能及时赶到父母身边，父母便离世了，甚至在他们离世时自己都不在身边，将成为自己人生中无法弥补的憾事。

有的父母家里安装了摄像头，通过摄像头跟儿女们互动，因为他们是孤独寂寞的，忙碌了一辈子闲下来的时候，可能会有片刻的轻松，但是慢慢地，这份轻松也成了他们想要改变的负担。元宇宙如何改变这样的情况呢？

在未来，养老领域必将是一个重要的元宇宙场景，因为在虚拟世界里，孩子们可以随时陪伴老年人吃饭，随时与老年人进行聊天互动，老年人不再独自坐在房间里从天亮到天黑，感受着孤独。

此外，年纪大了，身体不好了，有些老年人成为失能老年人，他们不能站起来走路，有的甚至卧床多年，这时候的老年人不管是精神上还是身体上都遭受着很大的打击。从认命那一刻起，或许他们就只能在规定的范围内行动，连走出去看看都是奢望，站起来做自己想做的事情更是奢望。如果是在元宇宙中，老年人通过自己的虚拟分身，可以做到自己在现实世界中做不到的一切。

虽然身体上没有办法改变，但是精神上已经有新的依托，与传统养老相比较，老年人不再是孤独的，他们都将在元宇宙拥有更好的老年生活。

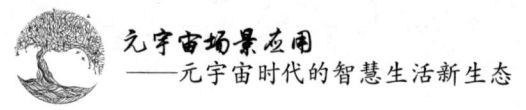
元宇宙场景应用
——元宇宙时代的智慧生活新生态

在元宇宙虚拟世界中监测老年人的健康状况

"陪伴"对于老年人来说不仅仅是一个词语,而是一种难得的情感输出。先说一个故事:意大利一位94岁高龄的老奶奶莱娅·米娜·拉利曾经是一名女诗人,而且还是名狂热的网络博客写手。尽管她今年已经94岁高龄了,可依然独自居住在意大利罗马的一间公寓里。平日里,老奶奶的家人和朋友很少能抽出时间来陪伴她。可老奶奶并不觉得孤单,因为她有"罗宾先生"的悉心照料和陪伴。

老奶奶口中的"罗宾先生"就是目前正在欧洲许多国家进行测试的远程操控监测机器人。它不但负责24小时全天候地监控莱娅的健康状况,也是连接莱娅与外界的沟通工具。无论是与家人视频聊天还是向医生咨询病情,通过这款机器人都可以轻松完成。说到终日陪伴她的"罗宾先生",莱娅很是兴奋,并且称它为伴侣:"我很高兴他们能选我参与这个项目,我觉得这非常有趣。尽管这款机器人还不是很完善,有些地方还需要改进,但总体上它已经是一个非常好的伴侣了。因为我知道,如果我发生什么意外,如跌倒或昏厥,我都可以通过遥控设备向外界呼救;当我按下机器人身上的绿色按钮时,就可以和医生视频,这样他们就不用从家中赶来为我诊治了。"

这款机器人起到的作用就是能够在虚拟世界中随时监测老人的健康,我们知道,人到了六七十岁之后,身体的机能都已经在老化,可能会遇到很多的突发事件,如中风、脑溢血、脑梗塞、心脏病突发等。听起来心惊胆战的突发性疾病,往往都会发生得非常突然。

所以，故事中的"罗宾先生"能够做到及时让患者接受医疗，能够及时通知老人的亲人，这样就不会发生让老人默默离世且孩子们悔恨不已的事情。"罗宾先生"监测机器人是由欧盟资助的Giraff Plus项目的一部分，立志在用户和医疗陪护之间建立一个良好的沟通桥梁，并且通过远程操控系统，为家中需要照顾的老年人提供交流与沟通服务。机器人顶部装有一个LED显示屏以及扬声器，内置的传感器用来收集监测用户的各项生理数据，如血压、血糖、体温等；而分布在房间各个角落的外置传感器还可监测老年人居住的房间是否出现煤气泄漏、漏水、漏电、外人闯入等危险状况，堪称一名称职的贴身保姆。但是，这款机器人是不是代表着元宇宙呢？实际上根本无法代表，这只是AI人工智能技术提升的一种体现。

众所周知，随着我国社会老龄化程度的加深，空巢老年人将越来越多，这已经成为一个不容忽视的社会问题。很多子女因婚后工作繁忙无暇照顾老年人，而聘请专职保姆又会无形之中增加经济负担。如何解决这个两难的问题呢？其实，运用陪护机器人就很好，还有就是一个能够在元宇宙中作为家人直接关注老年人的健康情况的解决方案。

不管怎样，令我们欣慰的是，我们对于老年人的关注，对老年人身体健康的检测有了越来越多可选择的方式，而元宇宙的出现，则会提出更多的养老方案，为老年人提供更好的方式和方法，最终实现智慧化养老。

元宇宙区块链技术支持下的个人养老保险

区块链是一种按一定的时间顺序将含有特殊信息的数据区块以头尾相接的方式组合成一种链式数据结构,并运用密码学的方法保证该数据结构不可被伪造、不可被篡改的分布式账本。

区块链系统基本框架分为数据层、网络层、共识层、激励层、合约层和应用层。数据层主要封装了底层的一些数据区块以及与数据区块相关联的数据加密和时间戳等基础数据和基本算法,负责构造区块链的生成;网络层主要负责区块链的工作机制,包括数据验证机制、数据传播机制等;共识层则是共同维护记录规则,主要封装网络节点的各类共识算法和共识机制;激励层主要负责工作节点的奖励,包括奖励的发行和分配等机制;合约层主要封装各种运行脚本、用到的算法以及智能合约,构成了区块链可编程特性的基础;应用层则封装了区块链的各种场景应用和使用案例。在区块链技术中,基于时间戳的链式区块结构、分布式节点的共识机制、基于共识算法的奖励制度和灵活可编程的智能合约是其具有代表性的创新点。

区块链技术的特点是去中心化,即所有节点都具有相同的权利和义务,任意节点出现错误或停止工作都不会影响整个网络的运行,系统中所有节点间无须建立任何信任关系即可进行交易。整个系统的运作及链式结构的数据库都是公开透明的,在系统制定的相应规则和一定的时间范围内,节点之间无法篡改,系统中所有节点共同参与数据信息的维护工作。系统采取分布式的授权方式让每个节点都会实时更新，拥有最新的、完整的数据库拷贝，单独修改某个节点的数据库是无效的。

在互联网时代，政府部门应顺应潮流，树立互联网的理念，建立一个可以为政府决策服务的、寻求更好解决方法的超级大数据系统。区块链作为新兴的底层信息技术，凭借其数据公开透明、信息保护安全程度高、可追溯性强等诸多优势，有望推动互联网成为新型信用设施的基础，使价值能够得到有效传递。

该方案的具体设计思路，应由政府主导开发一款基于区块链技术的有智能合约功能的开源（即开放源代码，Open Source Code，也称为源代码公开，指的是一种软件发布模式，一种基于去中心化、自组织式的软件开发模式运作的工作方式。这个模式中，软件是开源的最基本含义是：代码是公开的，任何人都可以去查看，修改以及使用。）公共区块链平台，并发行该平台对应的特殊的互联网商品即虚拟数字货币，该虚拟数字货币仅用于此系统进行价值交换。该平台可以实现全民参与记账，运行基于如下的基础机制，账簿公开机制：身份与签名机制、全民挖矿机制等。同时，要求每个人必须实名制注册认证，在实名制注册认证之后，才可以作为节点参与到整个平台的运作中。在该网络平台上，政府相关部门可以发布一些与社会民生紧密相关的问题或者公益项目，一并发出的还有加密哈希函数，该函数将一个数据集转换成特定长度的包含字母和数字的字符串，称为哈希值，可以利用随机数为同一数据创建不同的哈希值。然后在全网进行广播，各个节点收到之后，需要先对哈希函数进行运算，得到结果后立即提交到整个网络上，此时由全网节点对该结果进行验证。如果该哈希值与发出的哈希值一致，那么该节点的参与者便可根据具体问题邀请并结合自身的实际情况进行回应,并产生一个新区块链接到整个区块链中,该区块记录了与整个问题有关的详细信息,并利用时间戳技术,在每一个区块上记录下相应的具体时间。完成这一系列的操作之后,该参与者可以获得政府一定额度的虚拟货币奖励。由此可见,每一次的问题解决及该问题解决过程中相关的详细信息都会在区块链中有记录且都是有证可循、不可篡改的,体现了公平公正的原则。

养老保险是我们每一个人都关心的问题,它为老年人的生活提供基本保障,使老年人老有所依、老有所养。良好的养老保险制度有利于保证国家的劳动力再生产,对社会稳定和经济发展都有益处。我国现行的养老保险制度是具有中国特色的社会统筹与个人账户相结合的养老保险模式,基于此,可以将该网络平台后台与个人账户养老保险相结合,在该网络平台注册的用户经过实名制认证之后,即可凭借身份证号登录个人的养老保险账户,如果参与并得到虚拟货币奖励,虚拟货币就可以以一定的换算方式转换成个人的养老保险金存入养老账户,回报个人,这样也有利于形成一个良性循环,激励民众更好地参与到社会活动中去。

第08章

智慧养老：元宇宙时代的老年人生活学习场景

北京朝阳区左家庄的"元宇宙+养老"新模式

近年来，为更好地提升地区养老服务水平，解决地区老年人居家养老问题，北京市朝阳区左家庄街道结合区域特点和工作实际，按照强化基础、强硬扶软、破解难点、培育亮点的思路，在建立地区养老驿站的基础上，以老年人需求为导向，以养老工作中存在的问题为突破口，引进专业的养老机构和社会组织，共同参与地区养老服务，全方位打造"温情养老、品质养老、智慧养老"的精品居家养老服务体系。

在传统的方式上，左家庄积极动员老年人参与志愿服务，转变传统养老观念，这不仅是新时期养老工作的要求，也是创新社会治理和加强精神文明建设的要求。街道以老年人的需求为导向，联合党员志愿者和社区志愿者组建了志愿者服务队，在各社区开展提供卫生清洁、义务劳动等多层次、多形式的老龄志愿服务项目，进一步提高了服务质量和水平。

除了采用传统的方式之外，元宇宙也被应用于养老模式中，虽然目前元宇宙只是一个概念，但是这个概念所支持的技术却是真实存在并且能更好地改变生活的。

第一，减少老年人的孤独感。通过VR技术，给老年人带来更多的新尝试，让老年人能够聚在一起，不仅限于传统的消遣方式，还可以有更多的方式供老年人选择。选择多了，就会觉得日子过得更充实，也就减少了老年人的孤独感。

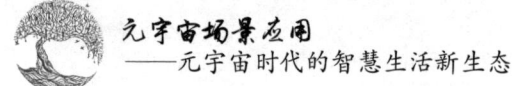

第二,很多时候,年纪大了对于新事物的接受能力就会变弱。这时候,通过新的科技手段让老年人更好地融入新技术、掌握新技术。比如,教他们如何使用智能手机,如何通过智能手机来助力自己的老年生活等。

第三,践行活到老学到老。很多老年人年纪大了就学不动了,在元宇宙中会通过开展有趣的学习交流会,通过更先进的技术,增加老年人对学习的兴趣,辅助老年人学习,最终满足老年人学习的需求。通过学习让日子过得更加充实,即便人到老年,也能获得非常精彩的生活。

养老是目前以及未来都非常重要的一个板块,这一板块不仅关乎小家庭的稳定,更关乎国家稳定。老年生活是每一个人最终都要经历的,所以,我们应多了解一些元宇宙知识,对于规划自己未来的养老生活会起到重要作用。

第09章

大健康管理：元宇宙最贴近生命的应用

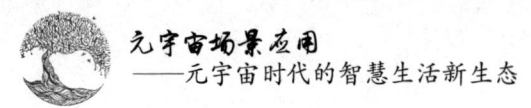

个人健康数据的去中心化

人们对健康的理念、观念的转变,让大健康产业一直是朝阳产业。大健康产业是"健康中国"战略的重要组成部分,更是城市竞争力的核心要素,也是未来经济的支柱产业。

对于一个城市或者一个地区来说,大健康产业发展的程度必将影响该地区的发展,大健康产业集群发展快、发展好将成为一个地区的重点发展目标。对于个人而言,大健康产业关系到的是自己的健康状况,越来越多的人会被大健康产业吸引。大健康会影响的不仅仅是一个地区、一座城市,那么,先来了解一下什么是大健康产业。

大健康产业是具有巨大市场潜力的新兴产业,包括医疗产品、保健用品、营养食品、医疗器械、保健器具、休闲健身、健康管理、健康咨询等多个与人类健康紧密相关的生产和服务领域。

健康产业已成为全球热点,继"机械化时代""电气化时代""计算机时代""信息网络时代"之后,"健康保健时代"已经到来,而健康产业也将成为继IT产业之后的全球"第五波财富"产业。

个人健康数据是应该中心化还是去中心化?首先要知道什么是中心化?什么是去中心化?

中心化:在没有出现去中心化之前,所有的信息、数据都是中心化的,都被存储在互联网公司的数据库中。无论这些公司是否对内容分发作"中心化",他们都希望利用这些数据来产生商业价值。除了直接为产品和运营作参考，很重要的一点是建立平台生态。

在PC互联网时代，我们搜索信息会自然地想到百度、谷歌，它们是信息平台和搜索引擎，它们的价值在于将分散的信息聚合在一个中心化的平台上，便于用户查询。然而，到了移动互联网时代，互联网产品主要以App的形式承载，而App内的信息是独立的，难以被抓取，因此构成了一座座"信息孤岛"。

去中心化：去中心化不是不要中心，而是由节点来自由选择中心、自由决定中心。简单地说，中心化的意思是中心决定节点，节点必须依赖中心，节点离开了中心就无法生存；在"去中心化"系统中，任何人都是一个节点，任何人也都可以成为一个中心。任何中心都不是永久的，而是阶段性的，任何中心对节点都不具有强制性。举个例子：去中心化就好比工地旁有条河，里面有鱼，任何人随时都可以到河里来捕鱼，多劳多得，捕鱼的人也可以互相交换、出售自己捕到的鱼，在这条河里自由地捞鱼就是"去中心化"的。

了解去中心化之后，就会发现个人健康数据应该以去中心化存储方式为主。实际上，医疗数据本身是非常敏感的，在各国法规中具有严格的限制。不论是在中国、美国还是欧盟都有严格的法律保护，医疗数据的患者拥有主导权。所以，任何中心化的机构都难以持续，很容易变成众矢之的。在这样的情况下，去中心化成为个人健康数据的唯一存储渠道。

在去中心化管理中，为了让民众和医生加强对医疗数据资产的管理，科技巨头们特别提供了医疗数据资产的发行平台，并且提供了一些辅助工具，通过去中心化的方式管理个人健康数据。

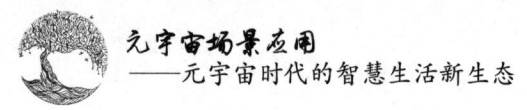

个人健康数据的可信性存储

个人健康数据具有非常大的隐私性,在储存的时候就需要保密。上一节也说了,个人健康数据要去中心化,从目前来看去中心化的技术就是区块链技术。健康医疗个人信息保护研究的主题主要集中在隐私保护、患者隐私权、区块链技术在隐私保护中的应用以及大数据背景下的隐私保护等方面。

具体来看,医疗大数据、电子病历、电子健康档案、移动医疗、互联网医疗、物联网等是个人信息保护研究的热点领域。医院是患者个人信息处理的主要机构,在个人隐私保护中发挥着至关重要的作用。当前,医院尚未形成体系性的个人信息保护的管理制度,个人隐私保护措施主要体现在各个具体的信息系统管理制度当中。

医院目前只是具备相对可信性储存,在为隐私保护上做着积极努力。但是,具体评估指标和要求在细致程度上差异较大。我们大概看一下《电子病历系统功能规范》中对患者隐私保护的要求。

第一,对电子病历设置保密等级,并对操作人员的权限实行分级管理,用户根据权限等级访问相应保密等级的电子病历资料;授权用户访问电子病历时,自动隐藏保密等级高于用户权限的电子病历资料。

第二,医务人员因工作需要查看非直接相关患者的电子病历资料时,需提示使用者要依照规定使用患者电子病历资料。

针对以上要求，在技术上就要下功夫。虽然理论上建立起了相应的制度，但是在具体落地时却存在着由操作不规范导致的个人隐私泄露问题。因此，去中心化技术要尽快介入个人健康数据的存储，个人健康数据的可信性储存需要同时满足可靠性、可用性、恢复性、维修性，以及在某种情况下的耐久性、安全性等其他特性。

个人健康数据的可信性储存也必将能够推进个人健康数据的去中心化，我们都知道元宇宙的特征之一就是去中心化，所以元宇宙技术必能够助力个人健康数据的存储。

第一，在区块链技术基础上，通过多签名私钥和加密技术防止数据泄露。比如，之前的个人健康数据被上传到一个系统，系统只有一层加密，很容易就被攻击而造成信息泄露。但是通过区块链技术，将数据放在区块链上使用多签名技术，这样只能够让获取授权的人进行查看。哪怕是医生、护士、病人本人都需要获得许可，只有在获得许可的前提下，才可以有两到三个人得到授权后进行查看。这样就比简单的系统保存更具有安全性，真正地保证了个人健康数据的安全。

第二，数据在加密之后，写入比特币区块链，通过时间戳来确保数据的精确度。可能很多人不了解，为什么个人健康数据和比特币也有关联？因为比特币区块链是去中心化技术，只要是记录的数据，是不可篡改的，任何人都没有对数据篡改的权力。这些数据能够直接使用，但是不能复制，甚至连正常阅读也是需要权限的，比特币区块链技术的去中心化能够保证任何写入区块链的数据得到全方位的保护。

第三，也许有人觉得只要拿到密钥就能够取得数据，原则上来说的确如此，拿到私钥就可以看到数据，这里需要注意的是，即便是有权限打开，也只能浏览不能复制。私钥的管理是非常复杂的，是通过一份智能合约，对单向信息数据分配多把私钥，并设定规则对数据进行访问。举个例子，很多去找宝藏的影视作品中，打开宝藏的钥匙往往会被分成多份，想要打开宝藏需要所有钥匙才能开启。私钥也是如此，必须获得私钥授权才能进行。区块链这一技术确保了个人敏感资料数据在全网络使用中的规范性和合法性。

第四，对于个人来说，是可以得到授权的。在客户需要提供《健康证明》时，本人可以拿到自己的健康数据。同时，客户并不需要再去医院或体检中心，而是凭借授权从第三方查验中直接获取自己的《健康证明》。有了这份数据证明，在其有效期内，很多时候如资格书证考试、银行信贷、购买保险等均不需要重复体检。

对于个人健康数据来说，区块链公开、透明、可追溯、不可篡改等特性，确保了数据的真实性，防止了数据被恶意使用和用户隐私泄露的风险。

未来，关于个人健康数据的项目会更多，利用区块链技术可以使医疗市场更规范、更健康、更合理，最终会降低医疗行业存在的信用风险。

元宇宙时代个人健康数据的货币化

什么叫作个人健康数据的货币化？是通过货币来体现个人健康数据吗？

为什么说个人健康数据将会货币化？这个既定实现的前提条件是元宇宙时代的到来，也就是说，在构建出元宇宙之前，个人健康数据暂时不会货币化。而个人健康数据会货币化，还是要从区块链说起。

第一，区块链的解决方案超越了个人数据隐私。被视为安全基础设施的区块链技术可以解决一个阻碍健康数据协调管理和互操作性的问题。举个例子，就好比家里卫生间的水管坏了需要换一个水管，结果来的人不仅把水管换了还换了个水龙头，不仅把水龙头换了还把整个下水道管清理了，不仅清理了整个下水道管道还把马桶换了。就是，本来只需要解决一个问题，区块链给出的方案却能够解决更多的隐患问题。因此，在个人健康数据管理上，区块链技术的出现为激发新的经济优势提供了更大的希望。

第二，医疗保健数据需要在所有医疗保健解决方案提供商之间实现顺畅流通，这将需要更好的数据管理手段，以提高诊断准确性，从而为患者提供有效的治疗方法。目前，患者需要适当利用数据资源发现富有洞察力的信息。

第三，区块链技术允许个人参与本人健康研究，就是每一个人都是一个主体。通过使用区块链技术，为个人客户提供更优质的服务。

第四，区块链本身有一个限制，如果超过限制，每个参与者都可以访问，因此才通过加密措施来保护个人数据。因为区块链技术带有信任度和透明度，所以相对来说更加具有可信性。而货币化会让整个流程更具价值，我们都了解以比特币为首的虚拟货币，比特币就是基于区块链技术上的，比起任何一种货币形式，比特币具有更高的安全性。换句话说，如果密钥丢失，下载到自己电脑钱包里的比特币，自己一枚也动不了，这就是比特币的安全性，所以如果个人健康数据货币化，只会比现在存储更具安全性。然而，也可能会像丢失密钥的比特币，就连自己都无法获得授权。

整体来看，该技术具有很大的潜力，可以完全解决多年来存在的个人数据隐私问题。然而，区块链的成功不仅取决于为医疗服务提供者提供技术支持，还要确保整个社会都意识到它的优势。因此，将区块链整合到顶级医疗系统中将会在提高医疗保健的可负担性和安全性方面发挥关键性作用。

元宇宙时代个人健康数据的有偿使用

当个人健康数据具有价值,就可以通过个人健康数据来获取收益,如个人健康数据的有偿使用。那么,如何进行个人健康数据的有偿使用呢?

第一,关于个人。个人健康数据与个人有着密切联系,因为个人健康数据本身是非常私密的,只要本人不点头答应,就不能擅自查看其健康数据。这是法律法规对个人健康数据和个人医疗数据的保护。那么,所谓个人健康数据的有偿使用是不是就是指出售自己的个人健康数据呢?

事实上,个人健康数据更多的是对数据产生者的健康有好处。个人可以通过可信设备实时监测用户个人健康数据,对监测到的数据进行分析,针对用户个人数据得到精准医疗、个性化健康保健指导,使用户能在医院、社区及线上的服务保持连续性。这是个人健康数据有偿使用的体现,并不是指出售个人健康数据,而是指有了个人健康数据才可能获取连续性、持续性的个人医疗服务。

第二,关于医疗机构。对于医疗机构来说,得到个人健康数据实际上能够推动医疗机构临床试验,但作为医疗机构不能在个人没有同意的前提下擅自使用个人健康数据。如果个人授权医疗机构,那么医疗机构就可以将个人健康数据运用于临床试验和研究了。如果医疗机构给个人一些酬劳,那么个人是可以获取直接利益的。

第三,关于社会。社会方面就是指很多第三方机构,不包括在医疗机构之内的一些生物、制药类的机构。对于它们来说，通过收集病人的医疗健康数据，全面分析同类病人的特征和疗效数据，比较多种干预措施的有效性，从而可以找到最佳治疗的途径。精确分析包括病人体征数据、费用数据和疗效数据等在内的大型数据集，可以帮助研究人员确定临床上最有效和最具有成本效益的治疗方法。所以，个人健康数据对他们来说尤为重要，但因为个人健康数据是存储在去中心化区块链上，所以第三方机构很难得到授权。这就使得想要获取更多收入的个人可以将自己的个人健康数据明码标价出售给第三方机构，或者是把自己的授权出售给第三方机构，从而获取直接利益。

对于普通人来说，个人健康数据是没有意义的，就好比你邻居的健康报告对你来说就是一张废纸，但是，个人健康数据对于第三方机构就是非常重要的信息。尤其是对于制药机构来说，在新药物的研发阶段，基于药物临床实验阶段之前的数据集和早期临床阶段的数据集进行数据建模和分析，尽早预测临床结果，从而确定最有效率的投入产出比，配备最佳资源组合至关重要。

那么，个人健康数据到底应该归谁？说到底，应该归数据的本体，也就是每一个个人。要知道医疗数据具有很高的利用价值，不仅对于我们上面所说的医疗机构、制药企业、生物企业等很重要，而且个人健康数据是能够被广泛用于公共管理、精准医疗、医学科研、健康保险、药品研发、临床决策支持等领域的。

因此，在个人健康数据存储管理尚不完善的当下，个人健康数据很有可能会在隐藏患者的个人信息后，在没有告知数据产生者的情况下被用作医学研究，并且临床过程中产生的数据库是市场竞争的优势资源。然而，作为"资源"的贡献者却没有得到本应拥有的权益，这样的环境迫切需要做出改变。

个人健康数据管理链

说到管理链,肯定是一个链条,不是某一个管理点,也不是某一个管理项。管理链分为价值链管理和供应链管理。价值链管理的概念就是改变作业管理策略,将组织调整到具有有效性和高效率的战略位置,以利用产生的每一个竞争机会。在价值链管理中,客户掌握着最终权力,由他们定义什么是价值以及怎样制造和提供价值;而供应管理链,是指在生产流通过程中,涉及将产品或服务提供给最终用户的上游与下游企业所形成的网链结构。

供应链管理,是对商品、资金、信息在供应商、制造商、分销商和顾客组成的网络中流动的管理。供应链管理的核心是:以供应为基点,将生产、流通直到消费者终端等环节连接起来,实施高度组织化和现代化的管理。它的三大要素是:电脑及通信网络技术、优化的组织架构和良好的贸易伙伴关系。

个人健康数据管理链是价值链管理和供应链管理的共同体,因为个人健康数据是由客户掌握着,就是说,个人健康数据完全掌握在个人手中。与此同时,个人健康数据也是供应链管理。在现有的医疗健康体系下,与每个人或患者相关的医疗健康数据都保存在各家医疗机构如医院、体检中心的数据系统中,采用的是集中式存储和管理方式。

然而,由于各医疗机构采用不同的数据库技术平台,所以造成个人健康数据的碎片化而难以整合，从而不能满足个人或患者一键查看本人历史健康数据的需求。举个例子，作为个人健康数据，如果是从第一医院检查的就不能与第一体检中心共用，也不会与第二医院共享。简言之，如果换一家医院、换一个体检中心，所有信息都要重新来一遍，个人健康数据就会成为零散的。

在未来，元宇宙时代采用区块链技术之后，个人健康数据统一上传到区块链上，得到授权之后就能够获取完整的个人健康数据。举个例子，一个人10岁的时候去医院检查，那时候他还住在A城市，在他30岁的时候第二次进入医院检查，这时候他居住的是B城市，碰巧的是，他在10岁就医时并没有医保，以目前的技术水平，他在使用医保之前的就医信息是查不到的，除了他就医的医院对信息有所保存，是不可能从其他地方调取他10岁时的就医信息的。然而，如果在区块链上，别说10岁，就是1岁时的就医信息都能全部调取出来，这样不管是他本人，还是他的主治医生都有了更具体、更立体、更全面的参考，从而能够更好地给出治疗方案。

现在还有一个问题，那就是个人健康数据缺少归属权，我们拿走的只是体检和治疗的纸质信息。在就医过程中，所有信息都被医生录入了医院的系统，那么，个人是否丧失了对自己个人健康数据的保护和拥有的权利呢？这个问题，就是一个个人健康数据管理方式存在的侵权风险的问题。

想要解决这个问题就必须要依靠管理链和区块链技术。比如，可以采用基于区块链的个人建卡数据管理方法，这种方法可以接收所述区块链上的另一个节点发送的基于第一智能合约的第一数据交易。

个人健康数据管理链终究是要落地于区块链技术上。目前来看，虽然这条路还很远，但是随着元宇宙的构建和技术水平提升，基于区块链存储个人健康数据指日可待，这种方式能够做到透明存储、透明使用以及明确归属权。

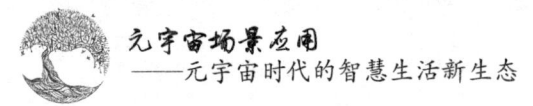

元宇宙与健康管理银行的关联

健康管理银行是一个管理健康的平台,这是一个从国外传来的理念。随着科技发展和时代进步,人们的生活水平逐渐提高,现代人对健康越来越关注,这个理念也被引进国内。目前,国内已经有致力于国民体质与健康研究的专业机构,主要为大众提供专业的国民体质检测、健康风险评估和健康心理评估的服务,并在充分考虑多元化、个体性及地区差异性的基础上形成健康指导。

健康管理银行是以"云计算+PON+ATM"和物联网、生物传感技术为核心,是一个具有开放性、极强包容性的大数据云计算的物联网平台,它能兼容医疗、体检、运动、健身、美容等不同类别、不同机构、不同来源的数据。

健康管理银行的概念和元宇宙概念差不多,就是没被更多的人知道。虽然大健康产业已经成为朝阳产业,可是细分到人的时候,人们对健康的理解依然仅局限于医院和体检,并没有提及健康管理银行的概念。实际上,这个概念也很容易让人混淆,毕竟银行带有储蓄、储存的含义,那么健康管理银行是否就是储存健康的地方呢?

此外,这个概念之所以还是小众概念,是因为健康管理银行相对来说比较昂贵。大多数人会选择价格能够接受的公立医院就诊,有的人可能会选择医疗条件比较好但价格昂贵的私立医院就诊。对于大多数人来说,只有生病了才会看病和买药,不会没生病的时候就经常关注身体情况。

健康管理银行实际上是在身体还没有出现症状，就已经开始关注身体健康了。大健康产业不仅仅是局限于当身体出现问题时生病、吃药，而是包含了一个人成长过程中全部的身体变化，其中包含塑身塑形等。虽然大健康是一个朝阳产业，但是对于大家来说还是比较陌生的。

当进入元宇宙时代后，大健康产业一定是会比现在更加普及，元宇宙技术应用于大健康产业，个人健康数据得到了更好的保护。与此同时，在元宇宙时代，虽然每一个人对于大健康的定义或许不同，但对大健康会达成共识。因此，元宇宙场景应用在大健康产业是必然的，也将会推动现实物理世界大健康产业的发展。

第10章

时间银行：元宇宙时代的以时间换服务

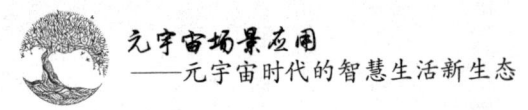

元宇宙优化"时间银行"的服务和管理

时间银行的倡导者是美国人埃德加·卡恩。1980年,卡恩在46岁时经历了一次大面积心肌梗塞,这次经历让他对生活有了重新的理解,他的生活方向也由此发生了改变。所谓时间银行,是指志愿者将参与公益服务的时间存进时间银行,当自己遭遇困难时就可以从中支取"被服务时间"。

人们说银行是储存钱的地方,健康银行是储存健康的地方,那时间银行就是储存时间的地方。很多人都觉得时间是不可储存的,因为时间如流水、如白驹过隙、如沙漏里的沙,那么,怎么才能储存时间?

时间银行的运作方法并不像存钱一样,是同步的,而是延迟进行的。我们来看一下时间银行的运作方法。

一个人负责日常管理和协调任务,这个人是某一个被聘用的固定地点的人,就好比是银行的行长。愿意添加时间银行的人可以前来登记,将自己的时间保存在时间银行里,需要帮助的时候便可以和时间银行联系,也就是和行长联系。这个人不仅可以用自己保存在银行里的时间,还可以用别的客户储存在银行的时间来帮助自己解决暂时的困难。

时间银行的宗旨是:支付时间换取别人的帮助。例如,小甲将自己的时间存在时间银行,这时候小乙遇到了一些难题,出于某种缘故需要人上门照顾,这时小甲就可以通过银行这座桥梁来为小乙服务。此时,小甲不仅帮助了小乙,还和小乙联络了彼此的感情。

那么，小甲会得到什么呢？小甲会得到时间银行给的支票，这个支票的作用就是如果有一天小甲需要有人照顾的时候，那些自愿将时间存入时间银行的人就可以来照顾小甲。这就是一个互相照顾的过程。在时间银行，不可能是单方面付出，而是双方面都需要付出。因此，自添加那天起，时间银行成员就要做好准备，既可得到别人的时间与帮助，也要准备在时间允许的情况下为别人付出时间与帮助。

其实，一些城市已经开始了时间银行的营业，参与时间银行的大多数是社区志愿者、城市志愿者。他们将时间用于公益上，如去敬老院帮忙多少时长，这时候就会在相关网站上给他们录入相应时长。志愿服务的时长可以在现实中兑换一些实物。

在北京，很多高中生、大学生、职场年轻人需要通过志愿时长提高自己的学分等，这些年轻人就会选择志愿项目，如去敬老院、去幼儿园、入户帮助失能老年人等。通过这样的服务，他们会在志愿北京网站上录入存储志愿时间，这些时长会为他们换取学分或保研资质等。

时间银行就是一个将自己的时间储存起来帮助他人的过程，未来在元宇宙时代，这样的时间储存将会更加优化。

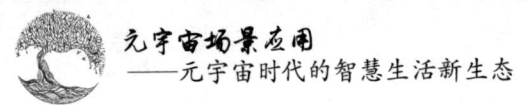

区块链技术构建社区服务时间银行

在2019年《计算机应用》杂志中,以肖凯为首的一批学者构想了一个基于区块链的公益时间银行系统,并提出了公益时间链(Public Welfare Time Blockchain, PWTB)的概念。在概念提出之后,就出现了用区块链技术重构时间银行模式,并利用时间银行模式发展互助型养老,这是一个十分具有发展潜力的方向。

如何通过区块链技术构建时间银行呢?我们可以大概看一下构建流程。

第一步,先将时间币的发行功能和结算功能从中心节点上分离出来,为什么要分离出来?是因为只有分离出来才能够运用于时间银行。时间银行的时间储存功能是发行,这只是开始,但是结算功能并不是同时出现,而是要等整个项目结束之后,才能够从时间银行中结算,因此,要将两个功能从中心节点上分离。

第二步,利用区块链技术,将分离出来的发行和结算逐步去中心化,形成公益时间链。将发布和结算分离,就是为了去中心化,只有这样才能够达到形成公益时间链的目的,形成了公益时间链就算完成了一大部分。

第三步,公益时间链利用区块链技术去中心化,刚才是发布与结算去中心化,现在是中间的公益时间链去中心化,最后就形成了一个从开始到结束,包括过程都是去中心化的状态。将时间银行系统由单个节点维护账本变成由集体维护一个分布式的共享账本,使时间币的发行和流通变得公开透明。时间币的结算不再依赖某个中心化的节点来实现安全的信息传输与存储以及数据的共享。

第 10 章

时间银行：元宇宙时代的以时间换服务

这里就要提一下所用到的时间币，时间币和市面上流通的国家法定货币不同，有一点儿像比特币。区别是：比特币具有实际货币价值，而时间币不具有实际货币价值。因为时间银行体系，不能让实际货币介入，如果介入了，就变成了一门生意。如果变成生意，那就不需要什么时间银行了，直接到家政劳务市场就可以了。

也有学者专门针对时间币进行了分析：在基于无酬服务价值化上，参考市场成本替代法的基本原理，将日最低工资、行业日平均工资和家政服务日平均工资来作为估算模型的三个基本向量，运用多元回归分析来确定不同无酬服务的最优线性表示，从而寻找出合理的定价。

虽然时间银行听起来像是一个新兴概念，实际上并不是一个新概念，早在20世纪90年代末期，这个概念就已经被运用到了养老及公益事业中。只是，时间银行模式因为缺乏更多的技术支持，所以迟迟不能得到全面推广，经过这么多年的发展，其概念的核心理念已经非常完善了。

曾经有美国经济学家 Frank Fisher 预言：时间币可能会扰乱市场秩序。这位经济学家的评论指出，在供不应求的情况下，时间银行内的服务同样存在和常规的货币系统一样的通货膨胀问题。而且，时间银行统一用时间来计量忽略了劳动强度和技术含量的差异，可能导致"不公平交换"和"劣币驱逐良币"等问题，同时还有时间币在全国甚至全世界范围内的"通存通兑"和法律等问题。

随着以去中心化为特点的区块链技术的出现，在某些程度上还是会解决之前学者们所提出的"通存通兑"等问题的。因为该领域涉及计算科学、软件工程、金融学、管理学等众多学科，所以需要大家的共同努力。不过，如果元宇宙真的能够被构建出来，那么时间银行所面临的时间币问题也会迎刃而解。

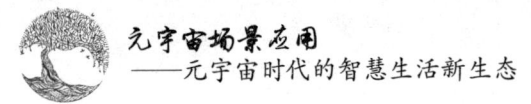

元宇宙帮你存下服务他人的时间

在身体健康、精力充沛的时候去帮助别人，把帮助别人的时间都存起来，未来如果自己有需要，也可以获得同等帮助的回报。这就帮助你存下服务他人的时间，这些时间最终还是由你消费。

先来跟大家分享一个新闻，据媒体报道，在内蒙古兴安盟突泉县太平乡，"时间银行"已在当地21个村全面推广。村"两委"跨界当"管家"，打理爱心"小金库"。在建立起来的"时间"台账里，姓名、时间、地点、活动内容、服务时长等每一栏都记录得十分详细，让志愿服务看得见、查得着。可存储、可支取、可兑换，是"时间银行"的特点。"时间银行"鼓励志愿者为他人提供志愿服务、存储服务时间，并在自己需要的时候用自己的"时间储蓄"兑换他人的服务，这样既可以让志愿服务双向流通起来，又能够让志愿者感受到志愿服务带来的快乐。

也就是说，在现实世界里，时间银行已经陆续展开，并且正在以志愿服务的模式服务于多个领域，让志愿服务真正地活起来，让每个人都能够有一个爱心"小金库"，这个"小金库"拥有强大的流动能力和储藏价值，具体如下。

第一，要普及时间银行的范围。如果缺少足够的储户，爱心时间就可能不会流转畅通。时间银行就像是真正的银行一样，当储户少、取钱的人比较多的时候，银行所面临的就是没有钱给取钱的人。时间银行也是如此，只有储户足够多，这种爱心时间的流转才能更加畅通，如果普及范围比较小，就很容易出现入不敷出的局面。

第二，存储的规范是必须有的。如何让志愿服务的存储标准一体化？如何能够兑换价值相等的服务或实物？这也是需要进一步专业设计的。就像是银行，存储的利息该怎么算，存储的服务该怎么做，取钱该如何收费等都有着条条框框的规定，时间银行也是如此。

第三，时间银行在很大程度上取决于个人的理念、觉悟和主观能动性。因此，如何在宣传上提升个人对时间银行的积极响应也非常重要。大力弘扬奉献、友爱、互助、进步的志愿服务精神，需要更多的类似"时间银行"的创新模式，让更多的人愿意加入为他人服务的队伍，共同营造互助友爱的文明风尚。

元宇宙时代可能要比现在更容易发展时间银行，因为你所有的付出都会由元宇宙帮助你记录下来，并且将你付出的这些时间存储起来，最终按照比较合适的方法兑换成等值服务或者是其他奖励。

元宇宙为你换取他人对你的服务

你的服务将在时间银行中进行流转,然而,你的服务如何换取他人对你的服务呢?这就与时间银行的运作有关。时间银行的宗旨是用支付的时间来换取别人的帮助,而银行是时间流通的桥梁。自愿添加时间银行的客户在需要时拿出自己的时间和其他成员交换服务,既解决了一时的困难,又联络了彼此的感情,弥补了现代社会人们互不往来的缺陷。

我们先来看一下时间银行的特点。

第一,时间银行不是一个慈善组织,时间银行的特点之一是双向。时间银行绝对不让一个储户承担无限风险,也不是一个储户单方面的付出,而是需要有回报的。银行本身不是慈善组织,你存放在时间银行里的时间,最终要么被兑换成同等服务,要么被兑换成同等价值的实物。

第二,参与时间银行的人不需要支付一分钱,因为这是时间银行,时间中的每一秒、每一分、每一个小时都是你的"钱"。在时间银行中通用的不是货币,而是时间。你将自己的时间存入时间银行,在你成为正式成员之后根据自身情况服务别人积累时间,这是你的付出,也是你的"存款"。

第三,你的付出最终能够换来的是别人对你的服务和帮助。我们每一个人都会遇到或多或少的意外,当意料之外的事情来临时,总会让人猝不及防。举个例子,小王在五十多岁的时候加入时间银行,帮助了林奶奶,林奶奶当时腿脚不便,虽然家里有保姆,但是林奶奶还是接受了小王的帮助。随着时间的推移,小王的孙子出生之后,小王就不能帮助林奶奶了,这时候,小王存进时间银行的时间是不是就没有用了呢?毕竟林奶奶不可能帮助小王看孩子。实际上不是的,小王存进的时间,由小李帮忙,小李来帮助小王一起教育孩子。也就是说,小王帮助了林奶奶,时间被储存,小王遇到事情之后,这个时间就可以用来兑换服务。

因此,自添加那天起,时间银行成员就要做好准备,既可得到别人的时间与帮助,也要准备在时间允许时为别人付出时间与帮助。

"时间货币"与一般货币不同,它不像传统货币那样,会由汇率贬值而导致财产缩水,而"时间货币"不仅不会贬值,还可以储存,也可以转让,甚至还能预支,交易时也不用纳税。

在这样的一个前提下,如果元宇宙真的构建出来,那么对于时间银行来说将更具发展潜力。

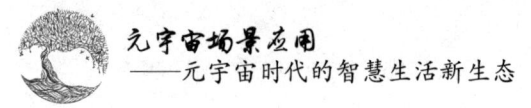

在时间银行储蓄时间和兑换服务

我们来看一看,家住江苏南京市栖霞区的陈女士是如何利用时间银行的。

早上,腿脚不便的陈女士想要出门,但子女不在身边,于是,陈女士拿出手机打开"时间银行",选择"家务料理",点击"下单",预约上门时间。就这样,81岁高龄的陈女士就在家中等待志愿者上门。

自从有了时间银行,陈女士在生活上遇到的各种小问题都能迎刃而解。陈女士已经在时间银行下单三十多次每一次都有不同的志愿者上门为她提供服务。

据悉,南京市目前已建设"时间银行"服务点1327个,招募5.09万名志愿者,直接服务5.11万名老人,储存服务总时长为124416小时,兑换服务时长为121623小时。

今年60多岁的王阿姨居住在小金台社区,她也是探索"时间银行"志愿服务最早的一批志愿者,自从加入"时间银行"志愿服务以来,她每周都会来到社区邻里中心做志愿服务,如打扫卫生、上门帮孤寡老人做饭等。王阿姨称,自己是个闲不住的人,以前去社区邻里中心,就是想和其他老人家唠唠家常、打发时间。王阿姨表示,现在参与时间银行服务,既可以帮助别人,又能丰富自己的退休生活,两全其美。

当然,今天做志愿者存下的服务时间,明天需要时也可以提取出来。这既为他人提供了无偿志愿服务,又满足了自身养老的需求,真正实现志愿服务的双向流通。

王阿姨从加入时间银行至今，在时间银行存入的服务时间已超过4000小时，成为左邻右舍知名的志愿者。与此同时，她也是"时间银行"志愿服务的受益者。王阿姨称，有时候自己也会忙不过来，就会支取时间让志愿者们帮忙做饭，或者是跑腿。在百花洲街道小金台社区邻里中心，像王阿姨这样的"时间"储户还有很多。大家发挥各自特长，互帮互助，让每天的生活变得更有意义。

我们发现，在大家享受彼此服务的过程中，形成了非常好的氛围。储蓄时间兑换服务，实际上也为新的城市关系作出贡献，人与人之间不再是以货币为连接点。虽然通过支付薪酬也能够在家政劳务市场找到可以帮助自己的人，但不同的是，社区志愿者上门服务，自己是受益者的同时，也能够增进与社区邻居的关系。时间银行，不再是简单的时间存储，而是能够改善社区邻里关系，增强社区邻里之间感情的黏合剂，是值得每一个城市、每一个社区大力推广的。

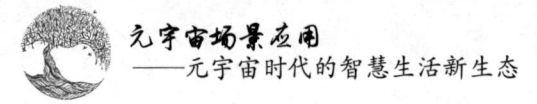

元宇宙空间服务时间的数字化处理

在元宇宙空间服务时间的数字化处理上，需要依靠的还是技术，那么我们就将所需要的技术一一展现出来。

第一，随着5G时代的到来，万物互联的场景也更加清晰，各种新事物突飞猛进地发展，移动互联网已经取代了传统互联网成为新的互联网入口。而新兴的元宇宙则是在一旁"虎视眈眈"，意图取代移动互联网，带领互联网进入3.0时代。在这样的前提下，未来链接将会成为主流。

第二，物联网产业将会被大力推动，在5G、大数据、人工智能等新技术引领下，物联网融合应用不断涌现。尤其是人工智能的进一步成熟、智能物流的深入发展，将使物联网落地融合成为历史大趋势。我们通过《物联网领域前沿学术》《物联网领域顶级学术期刊》《物联网应用》《物联网研究》等期刊发现物联网已经慢慢充满了我们的世界。

第三，面向物联网的智能家居、人工智能、视觉计算、体感识别的应用形态和普及程度仍有待发展。未来预计智能设备数量将增加到20万台，智能家居在2020年将成为标配；随着大数据、区块链、知识图谱、人工智能等技术日益成熟，将可以为智能物流、智能制造、智能交通、智能信息安全等领域提供技术支撑，这些可能是未来物联网发展最快的领域。

这一切都是基于物联网云端上的原生计算以及云游戏等方面的研究，才可以提升物联网设备与云端的深度互联互通。政府机构、工业机构、智能制造企业都正积极推进基于云的原生服务和云设备的物联网普及应用，智能物流也正在逐步普及。

第四，在前面物联网的基础上，区块链集智能安全、大数据、区块链、互联网、人工智能为一体，这已是共识。此时，我们发现一切都在数字化，数字化就是将许多复杂多变的信息转变为可以度量的数字和数据，再以这些数字和数据建立起适当的数字化模型，把它们转变为一系列二进制代码，引入计算机内部，进行统一处理，这就是数字化的基本过程。

元宇宙空间服务时间的数字化处理，实际上是在更高的数字化技术上的一个过程。目前来说，还没有达到这样的技术水平，因此我们也不能确定数字化处理是如何推动服务时间的。现在城市发展都在畅谈的智慧城市、智慧社区，实际上都是一种数字化应用的体现。

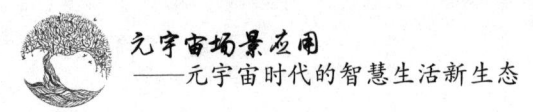

元宇宙技术构建立体智慧社区服务体系

智慧社区是什么？智慧社区是为社区居民提供智慧化服务的新型城市功能单元，是推动国家城市治理体系和治理能力现代化的必由之路。

现在城市发展都在强调智慧城市、智慧社区，虽然现在元宇宙还没有构建出来，但是智慧城市和智慧社区已经成为一个新趋势。就拿智慧社区来说，现在还处于智慧社区发展的初期，且呈现出了3种服务模式。

一是由市级统建或街道社区自建的提供无偿智慧政务服务的政府服务模式；

二是由物业企业改建或自建的提供有偿智慧物业服务模式；

三是由第三方服务型机构自建的提供智慧生活消费服务的商业服务模式。

这3种服务模式的共性是依托服务主体自身的资源能力禀赋，在其能力范围内构建服务模式。由于"资源能力圈"主导下的智慧社区服务内容垂直化和深度化不足，智慧社区建设要改变思路，全方位审视智慧社区产业上、下游全生态服务产业链，只有从"资源能力圈"到"共享生态圈"的服务主体转型，才能聚合资源实现社区治理的高质量发展。

智慧社区最终可以达到什么样的效果呢？其实，智慧社区就是要从"资源能力圈"提升为"共享生态圈"，着眼于社区产业链生态系统的资源整合，构建由政府主导，社会多元主体参与共建，为社区居民提供"一站式"智慧服务体验的共创共享联盟服务新模式。

现在我们所居住的社区离智慧社区还很远。虽然现在增加了智慧门禁和智慧探头，但是智慧社区是从方方面面体现出来的。因为这个概念十分令人向往，所以在实际中有很多企业真的是打着智慧的幌头，做着传统的社区管理。

真正的智慧社区是共享生态圈，不是简单的加法，而是能够充分发挥政府的社会协同作用，构建智慧社区协同治理新格局。提高社区治理效能关键是加强党的领导，健全政务服务类生态伙伴、智能物业类生态伙伴、智能家居类生态伙伴、社区O2O类生态伙伴、投融资类生态伙伴等的协同创新机制，走从信息化到智能化再到智慧化的建设之路，从而实现共享生态圈的叠加效应。

虽然元宇宙技术现在已经达到了一定的水平，但如果在整体上运用于一个社区的建设，目前来看似乎还没有做好充分的准备。智慧社区应该是基于元宇宙技术，营造开放包容的服务文化环境。这是一个开放的生态系统，要以开放、包容的文化发展理念，不断吸纳满足社区居民美好生活需求的各类服务主体共同参与智慧社区建设，同时加强服务主体间的资本和业务层面的战略合作，通过聚集产业链、供应链、资金链等创新资源要素，扩容基础服务和增值服务，应用更多的服务生态场景，发展"社区+零售""社区+物流""社区+金融""社区+教育""社区+养老"等融合业态，凝心聚力提升共享生态圈的服务能力。

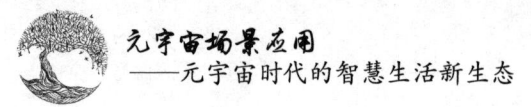
元宇宙场景应用
——元宇宙时代的智慧生活新生态

元宇宙空间的时间币与服务价值量化

时间币是指人们在单位有效时间内运用智慧或劳动创造价值的基本计量单位，是时间货币体系中的基本计量单位之一。时间币在全球各地的时间银行被广泛使用，可以便利地用于世界范围内的各种支付、转账、结算和汇兑等。因此，时间币可以用于全球范围内为各种服务和资产的交易进行结算。

在之前我们也说过，时间银行可以通过各种方式进行存储与兑换，如赚取货币，单位是时长，就是说一个志愿者为老人提供服务一小时，自己的账户里就会进账一小时，然后当这个志愿者需要服务的时候，就可以拿出账户里的一小时换取别人一小时的服务。当然，如果不想用时间换取别人的服务，也可以通过时间币兑换实物。

用时长换时长实际上是一个特别理想的状态。关于时间银行在现实物理世界中的应用，我们先来看一则新闻。

在成都市郫都区的试点中，他们设计了一套全新的"时间币"。在郫都区郫筒街道书院社区，时间银行已经上线运行数月了，并逐渐在整个郫筒街道推行。书院社区党委书记张雪向记者展示了一个名为"安心养老"的App平台，这是由建设银行打造的线上平台，老人可以在线注册成为时间银行用户，提供服务者可以注册成为时间银行的志愿者。

平台中的服务项目包含居家上门、生活照料、精神慰藉等项目，如修剪指甲、上门做饭、洗头、按摩、读书读报、外出散步以及电子产品操作引导等。每个项目都标注了相应的"价格","价格"不是人民币,而是"时间币"。

陪同聊天,15个时间币/小时;上门做饭,20个时间币/小时;洗头,15个时间币/小时;修剪指甲,5个时间币/小时。通过"明码标价",老年用户可以选择清单中的项目进行需求发布。

我们需要注意的是,时间币的单位并不是服务一小时可以获得一小时这样的逻辑,这样比较具有局限性。在设计时间币的过程中,设计方的想法是,根据不同服务的专业性、难度、质量进行设计,而无法简单用时长量化。

这样一来就更加合理化,但作为"货币"的时间币,只能在服务项目中使用,无法换取其他商品。这就保证了"时间币"专用于志愿服务的流通范围。

当时间币与服务价值量化之后,可能才会出现更为公平的等价交换。时间银行可能会是未来社会一个重要的组成部分,因为时间银行为城市居民带来的是便捷、安全、安心的服务,同时也是邻里之间互帮互助的一种体现。时间银行具有巨大主观能动性,没有任何强制性,都是自愿通过自己的时间帮助别人,未来大家也都会收到相应的服务。

未来,在元宇宙,时间银行将成为一个重要的场景应用。我们知道元宇宙中的每一个人都想要尝试更多的人生体验,所以时间银行存储的时间可能会被用来尝试不同的人生体验。

第11章

智慧医疗：元宇宙重构医疗生态体系

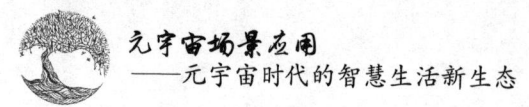

元宇宙与智慧医疗

元宇宙的概念出现之后,几乎能够和各行各业扯上关系。尤其是现在比较火的智慧医疗,那什么是智慧医疗呢?

智慧医疗(英文简称WITMED),是最近兴起的医疗专有名词,通过打造健康档案区域医疗信息平台,利用最先进的物联网技术,实现患者与医务人员、医疗机构、医疗设备之间的互动,逐步实现信息化。

在元宇宙的发展和赋能下,患者是否能够更加立体地在虚拟空间中接受真实诊疗服务呢?我们可以从以下3个方面进行了解。

第一个方面,更加注重个性化,如会引入各种诊疗手段实现个性化诊疗,同时也会注重整体治疗。个性化并不是专科化,而是与全科化相对应。这样就要求在信息工作上加大力度,如更加注重多模态数据大容量的支撑能力。如果想要实现个性化治疗,必然要求有更加丰富、立体的数据支持。因此,能否更好地在虚拟空间接受真实治疗,最终要依靠构建虚拟空间的技术支持。

第二个方面,医患关系。医患关系已经成为目前不可避免的一个问题,但是通过元宇宙技术赋能,如果患者能够在虚拟空间接受个性化诊疗,就很容易化解或者是舒缓医患间缺乏有效沟通的状态。一直以来,医疗机构都有着非常大的接诊压力,对于患者来说,医生是一个独立的个体,但是对于医生来说他只是众多患者之一,因此两者在交流沟通的时候,是处于不同位置的。这就引起了患者无法理解医生，医生无法理解患者的矛盾，最终导致恶化的医患关系。

如果接受元宇宙技术的赋能，这样的现状将会得到一定的缓解。一是借助现有信息化手段让沟通途径更畅通；二是利用元宇宙概念和技术，在虚拟空间模式下使医患沟通更形象、更直观。

第三个方面，从实操上来看，可以应用各类物联网设备，如摄像头、探头、水电气感知器等，通过数字孪生模式，对整个院区进行数字化管控。未来，智慧病房可以根据温度、日照等室外环境，自动调节病房内的温度、湿度、亮度等。通过实现数字孪生实现医院控制，进而干预医院的实际运营。

现在很多医院在成本控制与绩效管理、预算管理、人力资源管理、信息系统建设等方面开展的工作，对智慧管理评估起到了基础建设的作用。医院资源规划（HRP）系统建设对人财物的一体化管理，则契合了智慧管理评估将人财物作为管理能力提升重点的要求。基于物联网应用，后勤方面也取得了比较好的发展，如电梯管控、医疗废弃物管控、水电气管控等。

虽然我们能够看到医院开始集中力量打造智慧医疗，但是这并不是短时间内能够实现的，需要长期技术积累与迭代。或者说，在构建元宇宙技术成熟前，智慧医疗也都只能是概念。如果元宇宙能够构建成功，就预示着通过虚拟空间进行个性化诊治真的会来到我们身边。

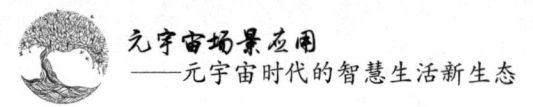

元宇宙场景应用
——元宇宙时代的智慧生活新生态

元宇宙技术重构医疗信息系统

我国的医疗行业存在哪些问题？

第一，医疗资源分配不均。一线城市的医疗资源很好，但是到了三线城市乃至偏远城市，则没有这么好的医疗资源。很多来一线城市就医的人大都来自小城市或者偏远地区，因为缺少医疗资源，不得不耗费时间和精力来到一线城市就医，除了就医费用，还要增加一些额外的费用。

第二，医护人员短缺。之所以很多人都觉得挂号之后，医生只说几句话就打发患者去拍片、抽血，是因为后面排队的患者太多了。尤其是在我们国家，一个医生每天要看一二百个病人，每一个患者坐在医生面前的时间可能只有短短几分钟，医护人员不足，所以医护人员的工作压力和强度非常大，这是不争的事实。

第三，检查设备不足。对于一些医院来说，检查设备不足就是硬件上的欠缺，很多医院在硬件设备上不能满足患者的需求。

由此看来，利用人工智能和数字化技术不断发展重构医疗行业有着强大的市场需求。从医学影像辅助诊断到疾病预测，从健康管理到智慧医院的打造，很多科技、软件开发巨头也都看准了智慧医疗产业。比如，英特尔与众多的合作伙伴携手同"芯"，以人工智能为基础，通过提供AI医疗设备和数字化医院应用的整体解决方案，提高医院诊疗效率，降低医护工作强度及感染风险，支持业务和数据的统一管理。

重构和完善医疗信息系统，是目前很多医院都在做的事情。一方面完善的医疗信息系统将对医院运营起到非常重要的作用，另一方面完善医疗信息系统也是打造智慧医疗的第一步。现在，无论是利用AI实现临床检测、诊断和试验的变革，还是借助软硬件结合，研发新药物新设备以及协助医疗机构进行数据交换，重构医疗信息系统依然是重中之重。

现代医学发展了两百余年时间，医护人员在面对病患的很多疾病时，已经不再像过去那样束手无策。究其根源，在于科学技术的不断进步，接下来，这种发展仍将持续，向智能化、去中心化和精准化进行转变。

VR/AR技术促使远程医疗近在咫尺

利用VR/AR技术进行远程医疗已经不是新鲜事物，VR/AR技术的出现给了医疗一个机会。"VR+医疗"已经是部分高校和机构正在做的事情，其主要应用的方向可分为虚拟手术培训、强化临床诊断、远程医疗、心理疾病治疗四大类，如图11-1所示。

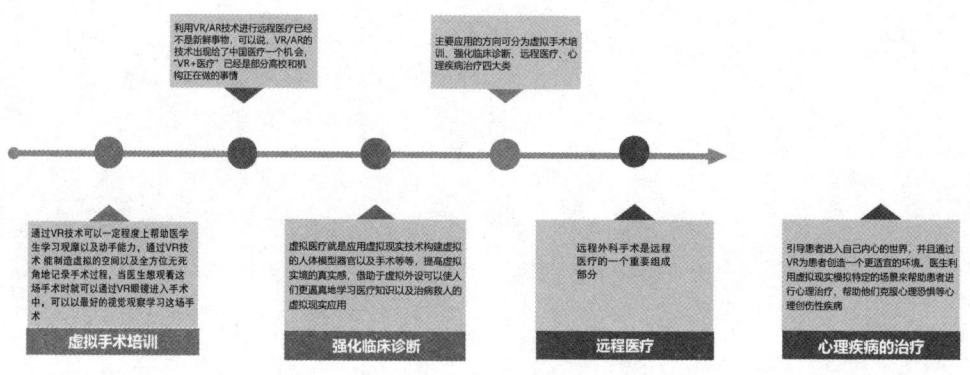

图11-1　"VR+医疗"

我们具体来看一下，"VR+医疗"在医疗过程中的应用。

第一，虚拟手术培训。一方面，我们每一个人对于生命都有着敬畏，不是所有人天生就可以成为医生，虽然很多人有着美好的愿望，但无奈的是当见到真实场景时，可能需要很长一段时间的心理建设；另一方面，一位医学院的学生从学医开始到可以一个人独立进行手术需要很长时间的，因为当了医生所面对的就是患者，患者不是一个玩具，更不是一个试验品，不可能将患者的生死交给没有任何经验的实习医生。因此，一个医生从实习医生到主治医生需要很多年。

通过VR技术则可以一定程度上帮助医学生学习观摩。通过VR技术能制造虚拟的空间，并能全方位无死角地记录手术过程，当医学生想观看这场手术时就可以通过VR眼镜进入手术中，以最好的视角观察学习这场手术。

第二，强化临床诊断。虚拟医疗应用虚拟现实技术构建虚拟的人体模型器官进行手术，借助虚拟外设可以使人们更逼真地学习医疗知识以及治病救人的现实应用。也就是说，患者不必一定要在医生面前，通过VR技术，就可以做到强化临床诊断和远程医疗的效果。比如，利用VR技术可以建立虚拟的人体模型，通过跟踪球等能快速了解人体器官的构造，加上其他一些交互技术能够生成的三维虚拟场景，就可以进行手术预演了，从而帮助医生进行手术练习和术前效果分析。

第三，远程医疗。远程外科手术是远程医疗中的一个重要组成部分。在手术时，手术医生需要在一个虚拟环境中操作，来控制在远处给实际患者做手术的机器人的动作。目前，美国佐治亚医学院和佐治亚技术研究所的专家们已经合作研制出了能进行远程眼科手术的机器人。机器人在丰富经验的眼科医生的控制下，可以更安全地完成眼科手术，而不需要医生亲自到现场去。

从国家层面来看，国家明确提出了对远程医疗的政策支持，希望借助远程医疗来发展农村医疗健康产业。在国家政策的引导下，远程医疗的发展势必提速。远程医疗的出现，也可以缓解目前我国基层医疗岗位人才缺失的压力，同时一些医生也可以通过远程医疗为更多的患者服务。

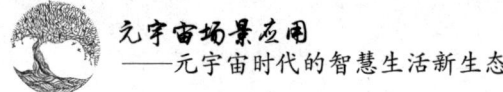

第四,心理疾病的治疗。这个比较容易理解,就是通过VR为患者创造一个更适宜的环境,引导患者进入自己的内心世界。医生利用虚拟现实模拟特定的场景进行心理治疗,帮助患者克服心理恐惧等心理创伤性疾病。目前,已经有一些心理医生开始利用这项技术帮助患者进行治疗了。

可见,VR技术能够提升智慧医疗水平,能够让远程医疗变成更简单直接的事情。未来,VR技术将会与智慧医疗有更加密切的联系。

第11章

智慧医疗：元宇宙重构医疗生态体系

元宇宙与慢性病管理

2015年以来，我国针对慢性病管理行业出台了许多政策，如《关于推进分级诊疗制度建设的指导意见》《关于做好当前慢性病长期用药处方管理工作的通知》《中国防治慢性病中长期规划（2017—2025年）》等。

慢性病是一种长期积累形成形态损害的疾病。慢性病会导致巨大危害，一旦防治不力，就会造成经济和生命等方面的危害。现今快节奏的社会生活使得人们更容易得一些慢性病。因此，办理慢性病医保就显得非常必要。

举一个例子，高血压、高血糖这都是慢性病，这种病没有办法根除，只能是通过长期的药物进行干预，所以这类病成了很多人心中的痛。比如，对于一个糖尿病患者来说，因为不能吃一些让人愉悦的食物，所以生活都变得无趣。这是一个糖尿病患者的真实想法，所以，慢性病对于每一个人来说都是一种折磨。

那么，慢性病管理靠的是什么呢？

据悉，我国首个具有自主知识产权的"区域慢性病智能管理与药品配送平台"正式上线。该平台的建设首次引入区块链技术，使处方流转和药物配送具可追溯性，确保了相关医疗数据和运营的安全。通过该平台，高血压等慢性病患者可通过手机App发出线上复诊和处方药物配送请求。

这个平台在情绪管理方面并没有办法对慢性病患者发挥更好的作用，如激励慢性病患者积极面对病情、面对人生。这个平台只是一个提供了更多药物干预的

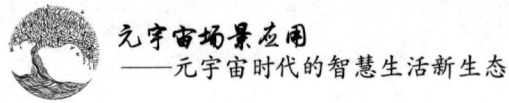

平台。

元宇宙的本意是打造与现实物理世界平行的网络世界，也就是说，每一个人在元宇宙中都会有自己的人生。如果慢性病患者在现实生活中被折磨得精神状态十分不好，那么在元宇宙中他（她）会更好吗？

举个例子，一个得了绝症的患者，如果让他每天都想着自己得了绝症，那么，对他来说，实在残忍。相反，如果给他找事情做，让他忙碌起来甚至忘记自己已经身患绝症，在疾病不变的前提下，他是否要比精神萎靡时活得更久一些呢？元宇宙中的自己在体验更精彩的人生，是不是在现实生活中这位患者也会有了求生欲望呢？再比如，一个在现实世界中的糖尿病患者，本身已经对于生活失去了积极性，但在元宇宙，他是一个健康的人，会为了吃一顿美食而来一场说走就走的旅行，日子仍然精彩。他可能就会为了自己能够在元宇宙待得久一些，而选择认真地面对自己现实中的状况，这就是精神指导行为的一个体现。

此外，元宇宙是通过技术对慢性病进行管理的。慢性病管理的对象包括以下3个部分。

第一部分，慢性非传染类疾病，如高血压、糖尿病、心脑血管病等。

第二部分，慢性病患者对所患慢性病的认知，患者因所患慢性病而引起的消极心理状态，患者与所患慢性病相关的行为方式。

第三部分，慢性病患者所处的社会环境。其可以划分为微观社会环境和宏观社会环境。微观社会环境主要是指家庭环境、工作环境、朋辈群体、社区环境和卫生服务环境等；宏观社会环境主要指患者所处的阶层、社会阶层之间的关系以及社会阶层结构的变迁方式等。

上述对象涵盖了人的生理、心理、社会三类基本属性，现有的众多理论和实践都已经证明了生理、心理、社会属性之间相互制约的关系。这表明如果单纯地对人的某一方面属性进行干预将受到其他两个方面属性的牵制，进而导致无法达到预期的效果，即使在短期内能取得一定效果，也难以长期维持。

对于慢性病管理，元宇宙是从精神上进行管理与纾解的，也希望在未来，元宇宙的构建能够真正地应用到慢性病管理中，从而解决目前所面对的慢性病管理难题。

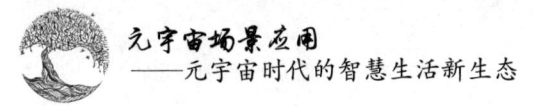

数字货币在元宇宙医疗生态的应用

数字货币（Digital Currency，DC）具体是指一种代替货币，以电子货币的形式出现在众人眼前。一般来说，在实际的经济活动中，数字金币以及密码货币都属于数字货币的内容，其发行主体和使用范围都是不受到任何限制的。

目前我国医疗行业数字化的智慧化建设进程相对缓慢，医院之间普遍存在"数据孤岛"现象，使得医疗信息不能实现有效的共享互通，造成了公众对挂号就诊的意见较大，制约了医院诊疗效率的提升。同时，政府缺乏有效的数字化监管手段，容易造成医保资源的浪费，使得其应对公共卫生突发事件的精细化程度不高。

对医院来说，患者预约难、缴费难、重复检测等现象也加重了医院的资源负担，医生诊断压力的加大，容易导致医患纠纷的发生。同时，由于医院之间无法共享患者电子病历而出现的重复开药问题会导致医保资源的浪费。

这一切问题的根源就是没有可以共享的信息，或者说没有一个能够起到共享作用的结合点。数字货币的特点是：基于某些开放的算法，数字货币没有发行主体，因此没有任何人或机构能够控制它的发行；由于算法解的数量确定，所以数字货币的总量固定，这从根本上消除了虚拟货币滥发导致通货膨胀的可能；由于交易过程需要网络中的各个节点的认可，因此数字货币的交易过程足够安全。

根据数字货币的特点，我们会发现，在医疗生态应用中，数字货币能够起到共享的作用，这个作用并不是直接的而是桥梁式作用。在国家层面，正在大力强调数字货币应用于医疗教育场景中，由此可见，数字货币应用于医疗未来的发展趋势。

甚至可以说，在元宇宙医疗生态应用中，数字货币能够完全替代现实中的真实货币。需要注意的是，数字货币并不是一种形态，按照数字货币与实体经济及真实货币之间的关系，可以将其分为3类。

一类是完全封闭的、与实体经济毫无关系且只能在特定虚拟社区内使用，如魔兽世界黄金；

二类是可以用真实货币购买但不能兑换回真实货币，可用于购买虚拟商品和服务，如 Facebook 信贷；

三类是可以按照一定的比率与真实货币进行兑换、赎回，既可以购买虚拟的商品服务，也可以购买真实的商品服务，如比特币。

由此我们可以看出，在元宇宙医疗生态中，可以运用第三类数字货币的方式进入并服务于医疗生态。目前来看，虽然国家大力支持，而且也出台了相关政策促进数字货币应用于医疗领域，但是这依然是刚开始，具体表现如何，具体效果如何，让我们拭目以待。

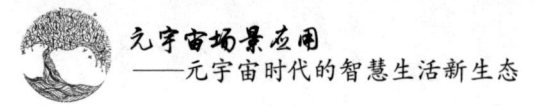

元宇宙技术打通医疗服务体系的健康管理

多年来，我国的医疗体系一直面临着医疗资源分配不合理，服务质量差，人民群众看病贵、看病难等问题。当下，随着元宇宙的崛起，人们正在尝试通过打造元宇宙医疗服务应用场景来改善人们在就医时遇到的这一系列难题。借助元宇宙，人们或将重构医疗生态服务体系，利用元宇宙所打造的接近真实的医疗场景，来弥补现实医疗服务中的短板，为患者带来新的就医体验，重建医患、医社关系。最终，围绕医疗大数据，建立起现实与虚拟之间的联系，实现元宇宙时代全民健康的愿景。

VR虚拟现实、AR增强现实、AI人工智能等元宇宙领域的新技术，在医疗行业有着广阔的应用空间。

首先，VR和AR技术在手术治疗、心理健康和康复治疗方面的应用。

在手术治疗方面。以胆结石手术为例，新型胆结石微创手术创口很小，致使微创手术内部信息看不见，因此需要用内视镜与手术前CT拍摄的数据进行适配。这在传统的胆结石手术治疗上将无法实现，但在元宇宙场景下，通过使用VR和AR技术，将二维CT切片组合成三维立体的全息数字人，就可以让信息量变得丰富，从而医生可以360°无死角地观看到手术部位，方便其对手术过程进行全程指导，从而大大提高治疗效果。

在心理健康领域。随着社会生活压力的增大，患有焦虑症和抑郁症等心理疾病的人越来越多。但过去，囿于地域和时间成本等，使得这些心理疾病患者无法得到及时且正规的治疗，致使延误病情。而在元宇宙场景下，远程心理诊疗就成为一种可能。一方面，对于心理疾病患者而言，如果借助VR、AR或者XR技术，在元宇宙这个虚拟空间进行诊断和干预治疗，那么可能比原来面对面治疗更有安全感。另一方面，医生可以让患者进入虚拟空间进行场景模拟，从而找出患者患病的原因和了解患者患病的程度，并针对这些情况设计出最佳的治疗方案。

在康复治疗方面。以往，人们做康复治疗时，都需要自己跑去医院，但当交通不便或遇特殊、重大情况无法去医院时，就会耽误做康复治疗的时间，影响康复水平。在元宇宙场景下，就可以借助VR或AR技术开启远程治疗，这样不仅节约了成本，在遇紧急情况时，还能在当地找本地医生，加上远程专家会诊，为患者争取救治时间。

其次，AI技术在精准医疗方面的应用。

多年来，临床对精准医疗都需求迫切。比如，癌症，早发现、早治疗，是提高患者生存率的关键。但如何能做到在病发早期就精准确诊呢？以及在精准发现后又如何做到精准治疗和精准康复呢？这些在之前一直是困扰医学界的难题。然而在元宇宙场景下，通过运用AI技术，就可以对影像进行智能检测、智能分类和智能分割，摆脱过去医生用眼看、凭经验估的做法，极大提高精准诊断率，为后续一系列治疗和康复行为奠定基础。

总之，在未来，随着元宇宙技术在医疗服务领域的运用，将彻底改变原来的以临床为中心的医疗服务体系，打造场景化的虚实结合的新型医疗服务体系。

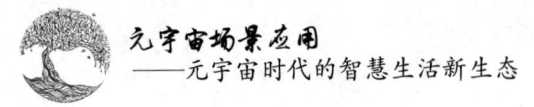

从美剧《良医》看AR/VR、AI、3D等元宇宙新技术的应用

2020年有一部美剧《良医》很火,这部剧是由弗莱迪·海默主演的。下面跟大家说一说在这部剧中元宇宙新技术的应用。

这部剧用了超前的医疗手段、医疗技术来吸引观众。比如,剧中的3D建模、手术模拟等科技是一大亮点。为了让观众能够更清晰地了解专业描述,在涉及医学的专业知识时还会配有浮动字幕与图表来解释说明,不得不说,这部剧在细节的处理上真的很用心。

从2016年开始,VR技术就已经开始用来培训学生和治疗患者,这也是VR技术在医疗领域的第一大用途:培训和教育功能。这里面的培训和教育对象,包括学生、医生和患者。

举个例子,美国西储大学使用微软 HoloLens 帮助学生用 VR 学习解剖学,来代替过去学生通过尸体来学习解剖学的方式。年轻的医学生们,戴着 HoloLens,直接"看穿"了人体,从皮肤、肌肉到血管等都能清晰地展现在眼前。

在斯坦福大学医学院,如今也有400名神经外科患者在手术前就已经在虚拟现实中观察了手术将会如何进行。手术后,斯坦福大学医学院也对患者的大脑、脊柱等身体部位进行VR成像,过去这些部位是通过物理模型进行解说的。通过让患者沉浸在解剖结构中,从而清楚了解需要进行手术的部位。

据介绍，不光是在培训方面用到VR，在真实的手术场景中也将会用到这一技术。比如，VR在未来的发展中可能会应用于整个手术过程，并且能够让患者从VR虚拟现实中了解手术的具体情况，从而缓解一部分恐惧心理。在一篇论文中，曾指出AR被用到了手术中，即投射医疗影像到患者身体的表层，让患者能够看到，这甚至比VR更真实。如果医生在患者身上放置增强现实的医学影像，会看到关于解剖学的一切。

对于医生来说，目前的一大挑战就是如何将医学影像转化为VR需要获得的高质量成像，这里面就需要众多技术工程师的帮助了。试想一下，首先要获得高质量的医学影像图片，然后导入，并且能作为虚拟现实在其中进行交互。在能够互动之外，还要保证安全，如需要在VR手术前进行术前计划等。这一系列过程，是非常复杂的。

和VR技术不同，AI技术早就已经被应用于医疗手术中，甚至可以说是已经被运用得非常成熟了。这部电视剧体现的正是科技医疗、智慧医疗。而且不难发现，构建元宇宙的所有技术都将应用于医疗行业。

总之，虽然《良医》只是一部电视剧，但是其中所展现出来的技术与当下构建元宇宙需要的技术有异曲同工之妙，并且元宇宙构建过程中所需要的技术支持，基本上也都支持医疗产业的进一步发展。所以，元宇宙应用于智慧医疗不仅是元宇宙的大势所趋，更是智慧医疗在未来发展中的大势所趋。

第12章

数字地产：元宇宙打造的虚拟家园

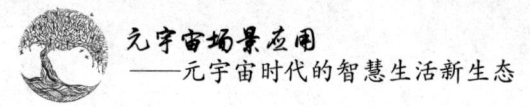

元宇宙时代下的数字地产热

数字地产由两部分组成：一个是数字，另一个就是地产。数字地产实际上是计算机信息技术、通信技术和地产业的结合。数字地产的基础是土地和建筑，其上层应用是IT信息通信技术产品与服务相关的功能。由于数字地产的上层应用功能的特殊性，即需要部署IT信息类产品和运营IT信息类服务，所以其土地和建筑也具有一定的特殊性，如对供电、供水、供气、宽带等方面的要求，以及对建筑形式、建筑空间、承重、布局等方面的特殊要求。

也就是说，数字地产和现实物理世界中的地产一样，需要满足各个方面的要求，如房子的大小、房子的朝向、房子的空间布置等，甚至是供水、供电、供气这些也都具备。但是，有一点不同于普通住宅地产和工业地产，那就是数字地产的寿命一般只有10年到15年。也就是说，连咱们小产权的年限都不到，更不要说大产权年限了。

现在数字地产并不是一个概念，其已经有了一定的实践，接下来我们先说一个关于数字地产的案例。

2021年上海举办的"2021淘宝造物节活动"会场里，一对"95后"情侣，买入了一套数字房产准备当结婚的婚房。据悉，艺术家黄河山发行的310套数字房产NFT（全称"Non-Fungible Token"，即非同质化代币。）两天内售罄，总计售价36万余元。在举办时间长达一周的淘宝造物节上，10万余现场观众中的有

第 12 章

数字地产：元宇宙打造的虚拟家园

意购"房"者也就只能围观充当"气氛组"了。

尽管数字房产受到热捧，但仍有不少人认为无法接受虚拟房产就凭一张图片可以卖上万元甚至数万元，用来做婚房简直更是"离谱"。许多人不解，我们来继续分析一下，这个淘宝造物节上大热的数字房产项目"不秃花园小区"。听名字就觉得有点儿不那么正经，而很多年轻人还都没有抢到。

现场好奇的群众纷纷扫描数字房产证上的二维码进入这个小区项目的官网，实际上，这个小区就属于"平行世界中"的房地产，其中的"平行世界"实际上就是近期大热的"元宇宙"概念，可以简单直白地理解为：现实世界的映射。

虽然这个项目没有实物，但是有施工单位。此时就不得不提"不秃花园"的"施工单位"了，就是此次技术支持的NEAR，是区块链行业内的一个知名底层公链平台。艺术家黄河山创作的"不秃花园"房产作品成了在NEAR区块链上发行的NFT数字加密资产。区块链恰好完美地解释了前文所述的问题。

对于NEAR以及新兴的区块链应用，相信不少人还是陌生的。其实，在此次"不秃花园小区"数字房产项目中已经可以看到很多细节了，咱们先体验一把再说：当我们购买NFT数字房产或获赠NFT数字物品时，我们将从开发商手里领取一个NFT数字资产二维码，扫码后即可进入领取流程。

领取流程只需要三步。

第一步，创建钱包（输入一个用户名），第二步，选择账户保护方式（包含助记词、硬件钱包、E-mail、短信共4个选项），第三步，领取NFT资产。

想不到区块链居然如此简单，许多人就是这样方便快捷地完成了人生中第一笔NFT资产的领取。

此外，NFT信息页面还记录了创作者的信息，可以确保这款NFT艺术品正是由该艺术家创作，用于支持对创意、设计的知识产权的一个溯源和确权。

该笔交易通过智能合约自动调用执行并全程记录在了NEAR区块链上，不可逆、不可篡改、永久保存记录，并由NEAR的所有节点以及社区用户见证。举个例子，这把编号为T0410的遮阳伞NFT就永远属于账户持有者了，除非持有者自己出售或者转赠给他人。

简单地说，为了确保数字房产的唯一性和不可复制性，这里通过应用区块链技术，实现了公开透明、不可篡改、可溯源、交易记录安全性等特性保障。

每个NFT都是一个独一无二的代币，可以用来映射任何物品，记录它的各种信息，其中包括主人、交易时间、发行者等，这些记录能够防伪防篡改，确保持有者的权益，同时保证藏品的稀缺性。这也是为什么人们乐意为区块链上的NFT数字房产和艺术品掏腰包的主要原因之一。

当然了，作为To C应用，最终用户们的体验也很关键，"不秃花园"的"业主"们现在会是一种什么样的体验呢？

和大部分地产项目一样，"不秃花园"的房产外观设计好了，产权也用区块链技术保护好了，这些NFT资产也已经从创作者手里真正转移到了"业主"手中。此后，房产如何使用、小区如何管理、要不要重新装修等，都是由"业主"们自己做主。

业主们已经在微信上建好了业主群。同时，在元宇宙虚拟小区也有了社区，业主们已经在群里忙着畅想着未来元宇宙的虚拟人生了。

可以说，这个小区项目是国内目前为止出现的第一个数字地产项目，而且令人感慨的是，价格还不是很贵。比起之前新闻上报道的动辄上千万元的宇宙地产，按照元宇宙发展的趋势来看，这个仅仅几万元钱的数字地产，算是赚到了。

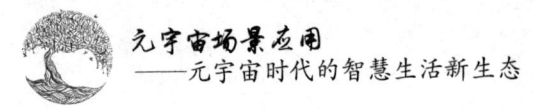

元宇宙地产及其对我们的作用

想要知道元宇宙地产对我们的作用,首先我们要清楚什么是元宇宙地产。

在现实世界的工业中,房地产指的是由土地和建筑组成的财产,在历史上房地产市场已经被证明是一个长期蓬勃的市场。现实中,土地长期被视为最重要的生产要素。例如,在中国往往用限制土地供给的方式,来宏观调控房价。而在这些依旧处于发展早期的元宇宙世界中,虚拟土地也开始被关注和"炒作"。

元宇宙地产与现实世界的房地产是非常相似的,可供用户创建、投资、拥有、租赁、出售或购买,不管是容纳一个企业,还是建立一个社交空间去举办活动等。地理位置和配套设施等都成了影响元宇宙地产价格的重要因素。与此同时,因为各元宇宙中的环境和条件的差异,会出现独特的选择逻辑。

人们在现实中可能不如意,就开始在虚拟世界寻求发展。越来越多的人开始探索数字世界,在元宇宙中实现精神满足和自我价值。在较大的城市地区,一些人发现他们被越来越高的房地产成本所排挤,所以现在许多人正在转向数字世界,在那里,随着人们购买虚拟世界中的土地和房产,元宇宙地产正在蓬勃发展。

那么,元宇宙地产于我们有什么作用?

坦白地说,在现在元宇宙都还没有被构建起来的情况下,元宇宙地产对我们的作用,都只是用作理论上的探讨。

第12章

数字地产：元宇宙打造的虚拟家园

我们清楚，元宇宙概念已经被提出来了，虚拟世界也已经拥有了一些交互方式，如沉浸式体验，即能够让人身临其境，这种沉浸式体验运用于购物、旅游等方面，同时也运用于建筑地产上。

从虚拟空间购买地产并不是新鲜事物，因为在多人在线游戏、多人开放游戏或者是沙盒游戏出现之后就已经有了这样的购买途径；甚至在一些游戏里，不仅能够买到现成的房产，还能够自己搭建房屋。我们这里还是要提到游戏，毕竟元宇宙就是以游戏为起点开始设想的。咱们说3D游戏场景：游戏场景宏伟壮观，细节真实，带给玩家更好的游戏体验。实际上，如果一个游戏都能够达到让用户身临其境，有很好的体验，更不要说元宇宙了。在游戏中，游戏的主要目的就是让用户建立起社交和经济互动。区块链技术将取代现实世界的物理定律和法律法规，在保障合法性的同时，允许用户拥有自己的游戏角色、服装、虚拟商店，或一块促成上述活动的土地。这里的关键概念是"所有权"，而非普通的玩家游戏平台上的那种"使用权"。

在网络游戏世界里，花大把人民币购买虚拟的道具装备已经是稀松平常的事情了，很显然，你付出的代价远远超出了它的制作成本，这些超出的价值是从这个虚拟世界里衍生出来的，甚至有些玩家为了稀有的道具一掷千金。为什么两行代码的事情，会让一个原本一文不值的东西变得有价值？究其缘由，是因为大家都认同这个事物。

为游戏充值也不是一天两天的事情了，大家已经接受了为自己的娱乐付费。但是，元宇宙地产是否值得我们下手投资呢？现在元宇宙只是一个概念，还没有被构建起来，所以，在元宇宙地产这件事上，还是谨慎为好。

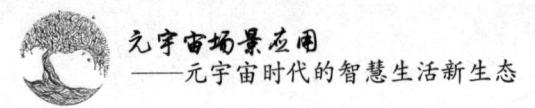

在虚拟家园里自由自在地生活

在虚拟家园里能够过得自由自在,是因为不会出现现实世界中的烦心事。最直接的表现就是,我们在现实世界买了房子之后,装修就是一个大问题。在虚拟世界中的家园,装修只需要选择自己喜欢的家装内饰就行,不必真的为装修费心费力。还有就是在新家里面置办家具,现在很多木质家具甲醛含量是无法检测和避免的,而虚拟家园中的家具不仅好看,还不会因为甲醛给生活环境带来隐患。所以,从这两个方面来说在虚拟家园过得更自在。

目前也有一些模拟家园生存的游戏,特点就是展现出我们所说的几点。

第一,能够给每一个虚拟家园进行设计。虽然房屋设计过程中也需要付一定的费用,但相对来说完全可以按照自己的想法设计房屋,从而实现梦想中的生活。

第二,在现实世界中,你的装修一用就是十几年甚至是几十年;而在虚拟家园中,欧式风格看够了,就换中式风格,奢华风觉得腻了直接换简约风。也就是说,可以时常更换不同的装修风格。

第三,虚拟家园不必和现实小区一样面临各种邻里之间的矛盾,因为大家都是虚拟家园里的一员,不会真正地出现各种扰民等问题。所以,住起来更加自由自在,你所有的行为都不会对邻居造成直接影响。

虚拟家园和现实家园最大的区别应该就是不必面对那么多的糟心事儿,可以自由自在地生活。

第12章
数字地产：元宇宙打造的虚拟家园

现实世界中，我们居住的小区会可能遇到以下问题。

第一，对于一些小区来说，停车难，停车位难找，稍有不慎就会和其他车主产生矛盾。

第二，不仅物业管理滞后，而且物业费还不便宜，物业每次催物业费的时候真的是令人非常反感；当作为业主的我们要求物业提供服务的时候，物业总会踢皮球一样躲来躲去，这就是钱到位，而实际体验不到位。

第三，总会有人遇到一些不可理喻的邻居。比如，楼上有两个孩子，孩子在屋里因蹦跳、跑步而发出各种动静很大的声音，让楼下居住的人感到非常困扰，长此以往，楼下居住的人实在被逼得没办法只能是安装震楼器，结果导致双方矛盾越来越激化。或许我们没有遇到这么奇葩的邻居，但也会遇到垃圾放到过道里而非自己家门前的事情，这也导致邻里关系越来越难处理。

第四，房子住了很久，墙皮都脱落了，因为没有更多的房子，所以也只能自己简单地处理一下。有时候房子越住越旧，越住越不顺心。

以上就是我们在现实生活中会遇到的问题，但是在虚拟家园就不会遇到这些问题。虚拟家园能够提供给你一个完全舒适的居住环境，而且虚拟家园的价格与现实中房屋价格也差不多，如元宇宙地产卖出了几千万人民币的价格，说实话，在现实世界中的普通人想要拥有虚拟家园的一套房产似乎也是一件遥不可及的事情。不过，一旦拥有，就能够感受到与现实世界不同的居住体验。

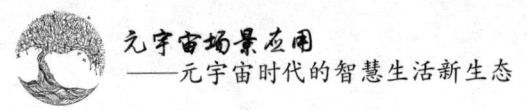

元宇宙对未来房地产业的影响

元宇宙产业对未来房地产业的影响体现在哪些方面?

第一,元宇宙对住宅的影响实际上还是体现在户型功能的异化。在现实物理世界,我们选择房子的时候,往往有很多要求,如户型、朝向、大小,最终会落在价格上。元宇宙对未来房地产的影响,可能会改变现有的一些选择房产的观念。例如,现在选择坐北朝南,坐东朝西,都是既定的,可是为什么一定要选择坐北朝南呢?所以,在元宇宙构建之后,房子的户型和现在是完全不一样的,根本没有坐北朝南的说法。另外,现在大家购房都要避开西照,因为西照在夏天太热了,这是事实。不过,元宇宙构建之后,作为虚拟分身是不会感受到热的,有没有西照变得不再重要。所以,对住宅最大的影响就是户型功能。

第二,元宇宙的住宅越来越符合工作需求,简单地说,元宇宙所打造出来的沉浸式功能房会让你在房间中进行各种活动。不同于传统的住宅,元宇宙的住宅具有的功能更多,涉及的场景也更多,如这个功能室同时具备阅读、会议、展览甚至跑步健身等多种功能。因此,这个房间的面积会更大,可以放置各种可移动的家具,并预留出空间,以满足对多样化的会议、娱乐、学习等场景的需求。

第三，住宅需要更人性化和功能化。比如，随着虚拟世界医疗和教育的发展，老年人可以在家里看病，孩子也可以在家进行体验式学习，这一切都可以在元宇宙功能室实现。现在孩子在家里上课的时候，只能依靠电子设备，未来如果孩子在家上课，可能整个房间都会给孩子营造出学校氛围。通过一些软硬件设施，孩子能够有一种置身于教室之中的沉浸感，这样就有利于孩子在家里学习时不至于产生懒散的情绪。

第四，未来的住宅会在元宇宙的影响下变得更加无界，无界是指没有地域限制。我们现在买房子会发现一个问题，那就是我的房子在哪里不代表我常居住在哪里。很多人也都有过这样的经历，在燕郊买了房子，但是要到北京上班，两地通勤。很多人也都是在北京周边买了房子，却在北京上班，甚至还有一些人，在一线城市租房打拼，但是在二、三线城市买房子。在元宇宙的影响下，可能房产会变得更加无界限，到时候可能会出现更多的分时产权房等模式。

第五，未来元宇宙对住宅的影响就是，很多传统的住宅会被满足基本居住需求的小公寓代替，小公寓将成为主流。一方面，小公寓总价比较低，能够被更多的年轻人接受；另一方面刚起步的年轻人并不需要拖家带口，虽然小公寓小，但是一两个人居住更温馨。而传统住宅相对来说总价比较高，对于年轻人来说，买一套房子要掏空父母的积蓄，很多人都觉得不值得。而且，现在越来越多的年轻人不愿意婚后与长辈生活在一起，小房子反而成了能够与长辈分别居住的最好方式。

第六，未来房地产开发商应该会在居住环境上下功夫，并且现在所提倡的智慧城市、智慧建筑未来必将是一个重点领域。现在很多小区的设施是有欠缺的，在元宇宙的影响下，大家对居住环境的更高要求就会推动整个现实社区的发展。并且对于地产开发商来说，再也不是盖一栋楼就能赚得盆满钵满了，随着居住者对居住要求的提升，地产商也会提升对楼盘设计、楼盘打造的要求。总之，元宇宙会让未来地产朝着更健康的方向发展。

元宇宙对未来房地产业的上述6个方面的影响，可概括总结为如图12-1所示的内容。

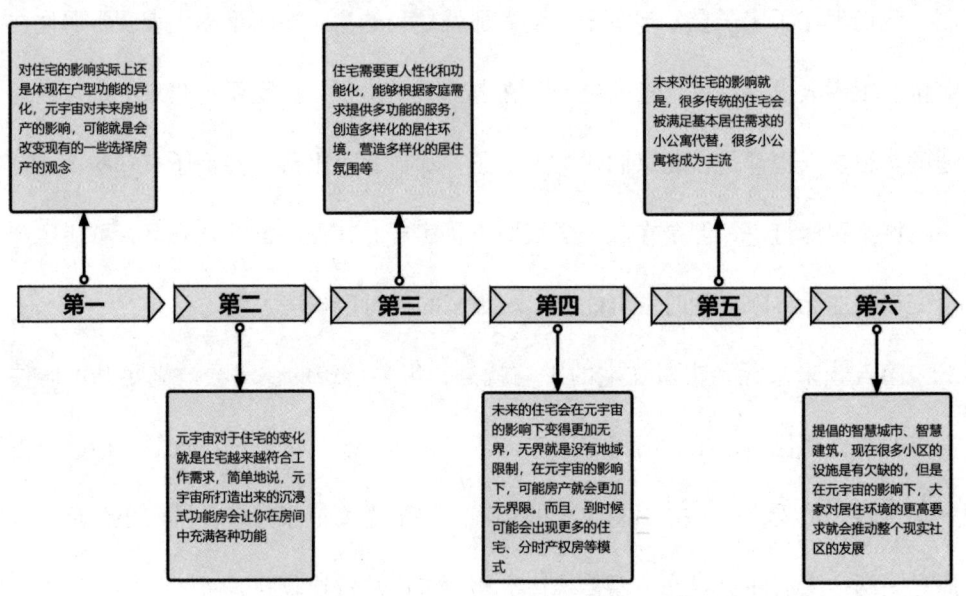

图12-1 元宇宙对未来房地产业的影响

第12章

数字地产：元宇宙打造的虚拟家园

虚拟土地大事件盘点与项目简介

首先，我们来一起盘点一下虚拟土地大事件。互联网巨头也在加速参与元宇宙的世界。2021年7月22日，Facebook创始人马克·扎克伯格（Mark Zuckerberg）接受了Theverge的专访，扎克伯格详细阐述了自己眼中的元宇宙，并且预期在接下来的5年内，Facebook将从人们眼中的一家社交媒体公司过渡到一家元宇宙公司。元宇宙的未来充满着各种可能，理解什么是虚拟土地，或许是迈入元宇宙世界的第一步。

在Decentraland，一块虚拟土地以NFT超过90万美元的价格售出；佳士得以6900万美元（约5.3亿港元）出售Beeple的NFT数码艺术；世界上第一个NFT虚拟房地产——MarsHouse，最近以51.2万美元价格售出；CryptoVoxels上一块名为"9 Robotis Route"的土地，初始价格为101.2美元，目前售价为已经达到9570.8美元，该土地只进行了3次转售，便已达到了93倍的涨幅；艺术家黄河山发行的310套数字房产NFT两天内售罄，总计售价36万余元。数据显示，当前NFT最贵的前10名中，Decentraland、The Sandbox中的虚拟土地分别以超6600万美元和3100万美元位居前十。

其次，我们来看一下目前比较著名的虚拟土地项目。目前虚拟世界地产项目包括The Sandbox、Decentraland、Cryptovoxels、Dream Card、Roblox、Axie Infinity和Somnium Space等，其中以The Sandbox、Decentraland、Cryptovoxels 3个项目较为

成熟。

The Sandbox致力于构建一个富有吸引力的游戏虚拟世界，The Sandbox官方与知名IP持续合作，包括我们熟悉的CryptoKitties、蓝精灵、《南华早报》、行尸走肉等，生态越发强大。The Sandbox的虚拟世界每一块地都可以视为一个小世界，一旦你购买了一块土地，你就拥有了完全的所有权和对其中所有物品的控制权。你不仅可以在购买的土地上自由地发布、设计和运行自己的游戏，还可以决定运行的游戏实施的机制、使用的资产，甚至可以将土地租给游戏创作者以赚取收益。截至目前，TheSandbox一共有12750个NFT类型，其中土地类3634个，实体类型9758个，通用价值在几十至几千美元波动，其中土地类的NFT能卖到几万甚至几百万美元。

Decentraland是一个在以太坊区块链上运行的VR虚拟现实平台。其中，土地是最重要的价值载体，所有的土地以及土地上的建筑物都由所有者永远持有，土地的价值会随人口、流量的涌入和商业密度的增加而升值。Decentraland的土地被分割成地块（Parcel），并用笛卡儿坐标（X,Y）区分，可以用MANA购买。每个土地Token包括其坐标和所有者等信息。用户可以在自己的Parcel上建立从静态3D场景到交互式的应用或游戏，一些地块被进一步组织成主题社区，或被创建成为具有共同爱好和用途的共享空间。从出现以来，共有50125位用户，最多时有将近4900人同时在线。

CryptoVoxels被称为区块链版"我的世界"，简单的像素风格给玩家提供了一种室内的3D空间感，用户可以在其中看展、线上聚会等，像一个完全开放的沙盒游戏，用户可以在其中自由探索。Cryptovoxels中的地块大小是城市生成器随机生成的，该生成器也会创建街道，每个地块至少有两条街道相邻，因此玩家可以自由地从一个地块走到另一个地块，互相交流观看其他人的建筑，其中热门项目访问量多达几十万次。

最后，冷静分析现状，不要急于投资。对于虚拟土地来说，通过上面的大事件盘点以及项目介绍来看，这些项目还只是存在于游戏中。毕竟直到现在元宇宙也只是推出了一个概念，在这个概念的前提下，才有了各式各样的设想，虽然元宇宙所拥有的技术支撑可以改变这个世界，但元宇宙最后是否能被构建出来还带有极大的不确定性。虽然我们支持元宇宙，甚至是期待元宇宙的构建，但不能在只有概念时就感觉前途一片大好，毕竟以目前的技术水平来看，无法构建出我们所创想的元宇宙。因此，对于虚拟土地、数字房产等项目，建议还是谨慎投资。

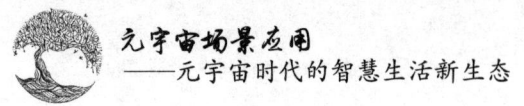

后 记

  元宇宙概念在2021年开始火爆以后,各大IT公司纷纷蓄势待发地进军元宇宙产业,元宇宙概念股也因此大涨,各大厂家从不同的入口进入元宇宙产业链。元宇宙是集VR/AR/MR、平台、数字引擎、AI、数字孪生、区块链、大数据等多项新技术的融合体,归根结底是一种场景应用,这种场景应用整合了多种新技术和新变革,是互联网发展的必然趋势。PC时代诞生了博客、QQ等应用,移动互联网时代诞生了微博、微信、短视频等应用,那么,元宇宙的杀手级应用是什么呢?本书从游戏、社交、办公、交通出行、智慧养老、大健康、时间银行、智慧医疗、数字地产等方面,对元宇宙时代到来后将会发生的变化进行了探索与梳理,正文内容避免了高深难懂的技术术语,目的是让大家对未来元宇宙世界有一个简单的了解,更加贴近我们的实际生活,让大家拥抱元宇宙。本书起到一个引领的作用,不管目前对元宇宙存在何种观点,这种业态迟早会到来,而且会深深地影响我们的生活与工作,只有做好准备,才能真正享受到元宇宙带给我们的乐趣,真正享受元宇宙时代的智慧生活!

  看完整本书之后,相信你已经对元宇宙有了一个初步的了解,元宇宙场景应用并不只是书中所提到的，或许在教育、培训、娱乐、数字化生活等方面也将大有作为。目前，我们对元宇宙的所有畅想也仅限于"畅想"。

对于元宇宙来说，作为互联网3.0时代，它需要有更先进的技术支撑，5G甚至是6G网络是其能够流畅运作的前提。即便5G现在比较先进，但并不能被大范围使用。因此，对元宇宙，我们应该更加理智，或许会有一天元宇宙真的出现，但不是在近两年，甚至可能不是在近十年。

当然，通过书中的描述，很多人也开始向往元宇宙，需要清楚的是，如果元宇宙按照这个思路出现，实际上是出现了另一个世界。但凡有人生存的世界，就会逐渐变得复杂，我们现在都是从积极向上的方向去审视和判断元宇宙，当有一天真的迎来了元宇宙，那时的人们或许更需要从法律和规则方面去制约它。

元宇宙是否能成为现实物理世界的平行世界，现在没有任何一个人能够给出答案，因为小说仅是艺术创作，只需要想象力不需要任何实际技术的支持。然而，元宇宙如果想要达到小说中所描述的那样，需要的不仅是技术，还有庞大到能够储存与现实物理世界一模一样世界的空间。

从现在来说，我们在技术上差得太远了，如果说现在多人开放游戏已经有了很好的模板，只需要在模板的基础上扩大，相信元宇宙还是会被很快构建起来。问题是，多人开放游戏毕竟是网络游戏，是具有中心化特性的，而元宇宙的特性就是去中心化，也因此目前并没有任何人或机构可以给出模板。因此，对于元宇宙来说，技术可能不是问题，去中心化才是需要解决的根本问题。

说了这么多，无非想告诉大家，元宇宙的提出让很多人甚至资本都为之兴奋，然而，不是每一个新兴的概念都会有很好的发展。我们只看到区块链技术经过十多年的发展，现在已经成为元宇宙底层技术中必不可缺的一部分，然而，有一些新兴概念也会随着时间的推移和技术的发展而"夭折"。

尤其是对于像元宇宙这样涉及的技术、工具、规则特别多的概念，是否会成为下一个区块链？从目前来看还不能做出判断，更不能妄下结论。因此，让我们拭目以待，去关注元宇宙，但不要盲目跟风，要理智冷静地看待元宇宙的发展。

参考文献

[1]赵国栋,易欢欢,徐远重.元宇宙[M].北京:中译出版社,2021.

[2]崔亨旭.元宇宙指南[M].湖南:湖南文艺出版社,2022.

[3]于佳宁,何超.元宇宙[M].北京:中信出版社,2021.

[4]邢杰,赵国栋,徐远重,余晨,等.元宇宙通证[M].北京:中译出版社,2021.

[5]危文.滚烫元宇宙[M].北京:电子工业出版社,2022.

[6]焦娟,易欢欢,毛永丰.元宇宙大投资[M].北京:中译出版社,2021.

[7][韩]李时韩.元宇宙新经济[M].王家义,译,北京:中译出版社,2022.

[8][韩]金相允.元宇宙时代[M].北京:中信出版社,2021.